Para: Walter Otoniel
De: Debbylu Pad

Te regalo este libro ni amor precioso
para q' aumente tu conocimiento
de la musica y la guitarra,
para q' Dios te ilumine; te
de sabiduria y mucha agilidad
con la guitarra y puedas
crecer como persona y desarolles
todos tus talentes, virtudes, y
habilidades (tantas q' Diosito
te ha dado)! ¡Te amo

Disfruta este libro bebe
y saquele mucho provecho!

TE AMO

La Biblia

del guitarrista

La Biblia
del guitarrista

Phil Capone

Grupo Editorial Tomo, S.A. de C.V.
Nicolás San Juan 1043
03100 México, D.F.

© 2009, Primera reimpresión

© 2006, Grupo Editorial Tomo, S.A. de C.V.
Nicolás San Juan 1043, Col. Del Valle
03100 México, D.F.
Tels. 5575-6615, 5575-8701 y 5575-0186
Fax. 5575-6695
http://www.grupotomo.com.mx
ISBN: 970-775-201-7
Miembro de la Cámara Nacional
de la Industrial Editorial No. 2961

Traducción: Luis Gerardo Garibay Morales
Diseño de portada: Karla Silva
Formación tipográfica: Armando Hernández
Supervisión de producción: Silvia Morales

Manufacturado por: Universal Graphic Pte Ltd.,
Singapore
Printed by Midas Printing Ltd., China – Impreso
por Midas Printing Ltd., China.

Contenido

INTRODUCCIÓN

El objetivo de este libro es el de proveer una completa y autónoma referencia de acordes para guitarristas de cualquier nivel; sin embargo, puede ser una importante ayuda para maestros, quienes esperamos encuentren el sentido y concepto sistemático de nuestra "biblia", muy útil para cualquier enseñanza. De hecho, a lo largo de mis años como maestro de guitarra, con frecuencia mis alumnos me preguntan cuál libro de acordes deben comprar, y francamente, no hay ninguno que yo haya sentido que pueda recomendar con confianza —hasta la aparición de este maravilloso libro. Organizado por tonalidades y ascendiendo cromáticamente desde C (do) hasta B (si), aparecen cinco diferentes formas de acordes comúnmente usadas para cada tono. Estas cinco formas abarcan todo el diapasón (brazo) y funcionan de diferente manera —el estudiante está en libertad de escoger la posición que le sea más manejable, el ejecutante más experimentado escogerá el acorde que le ayude para un cambio de secuencia más cómodo, o quizás para dar una mejor opción de textura armónica en un acompañamiento. La sección de suplemento no pretende proporcionar una referencia comprensiva, sin embargo, proporcionará una fuente útil para aquellas situaciones en donde acordes estilísticos de géneros específicos sean requeridos, e incluye las posiciones de acordes más frecuentemente usados del mundo del rock, blues, jazz, soul, funk y reggae. Todo este contenido se muestra de una manera muy "amigable" con indicaciones claras, códigos en color y una fotografía de cada posición de acorde supliendo al formato tradicional de "cajas de acordes". Su diseño permite abrir el libro por completo para uso más cómodo mientras se practica, y también fue pensado para poder ser transportado; sus dimensiones compactas le permiten al libro introducirse con facilidad dentro de tu estuche o bolsa de guitarra.
¡Feliz práctica!

Cómo usar este libro

Este glosario de iconos y símbolos ha sido hecho para ayudarte en tu aprendizaje facilitándote que puedas extraer los acordes de cada página y transportarlos a tu guitarra lo más rápido posible.

Contenido

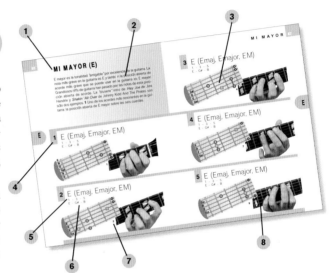

1) Título. El tono (ej. E) y tipo de acorde (ej. Mayor) aparece en la parte superior de cada unidad. Los acordes están agrupados dentro de los tres tipos de acordes básicos: mayor, menor y dominante 7 (7).

2) Introducción. Una corta descripción del acorde, dando detalles del sonido, de la voz y de la posición del acorde. Usos conocidos de algunos acordes se comentan en esta parte.

3) Diagrama del diapasón. Cada acorde se anota claramente en una caja de acorde con símbolos numerados y coloreados que indican la digitación y la localización de la tónica.

4) Numeración de los acordes. Cada acorde está numerado del uno al cinco, siendo el primero el que tiene el rango más bajo y el quinto el que tiene el rango más alto. Esto permite una rápida selección del acorde deseado dentro de una específica área del brazo (o diapasón).

5) Cifrado de los acordes. El tipo de acorde se anota de manera armónica detallada (ej. E6, Emin7, E13). Algunos tipos de acordes muy usados son seguidos por anotaciones alternativas.

$\triangle$ = mayor siete
$\varnothing$ = semidisminuido
$\circ$ = disminuido

6) Cifrado armónico. El cifrado armónico de cada acorde se anota de forma numérica (1, 3, 5) y con las letras de las notas (E − G# − B). Esto proporciona una referencia extra para los músicos avanzados. Si eres principiante, no te preocupes y sigue adelante.

7) Localización en el brazo. Un número debajo del primer traste de la caja del acorde indica en qué parte se localiza esa forma de acorde − "1" indica el primer traste y los números más altos indican un área más alta del brazo.

8) Fotografía del acorde. Una fotografía del acorde ayuda a una correcta técnica de digitación y muestra cómo colocar los dedos que no se usan en el acorde. Se muestran guitarras acústicas así como eléctricas, ya que este libro se puede aplicar a ambas.

Símbolos de los acordes

❌ Cuerda al aire que no debe de sonar.

◎ Cuerda al aire que sí debe de sonar.

⬚ Cuerda al aire, tónica del acorde (ej. Una nota E en un acorde de E mayor).

1️⃣ Indica la localización del dedo dentro del brazo (el número indica cuál dedo debe de usarse) y también que esa nota es la tónica del acorde.

① Indica la localización del dedo dentro del brazo. Nota que es parte del acorde y no la tónica del acorde.

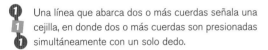 Una línea que abarca dos o más cuerdas señala una cejilla, en donde dos o más cuerdas son presionadas simultáneamente con un solo dedo.

(2) Digitaciones alternas se muestran ocasionalmente junto a los símbolos azules y rojos. Estos son algunas veces preferibles para algún cambio más rápido de una forma de acorde en particular.

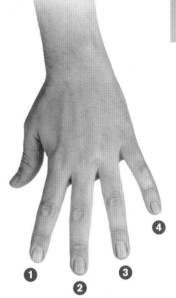

Numeración de los dedos
Esta digitación estándar ha sido usada en todas partes.

Anatomía de la guitarra

1) Cuerpo
2) Diapasón (Brazo)
3) Cabeza
4) Trastes
5) Ceja o traste cero
6) Puente
7) Cuerdas

El diapasón (brazo)

El encontrar las notas dentro del brazo no es fácil; aun los guitarristas instruidos pueden tener deficiencias en este aspecto si comenzaron a aprender de "oído". Este práctico diagrama pretende ayudarte en la rápida localización de cualquier nota dentro del diapasón. Toma en cuenta que a partir del traste doce se repiten las notas una octava alta (comenzando con el nombre de la nota de la cuerda al aire).

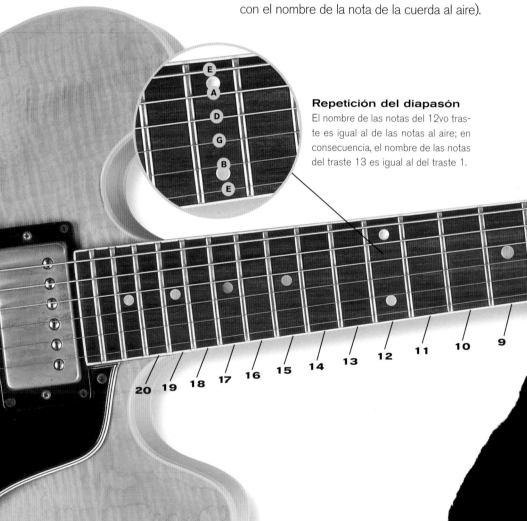

Repetición del diapasón
El nombre de las notas del 12vo tras-te es igual al de las notas al aire; en consecuencia, el nombre de las notas del traste 13 es igual al del traste 1.

Cuerda	Traste 0	Traste 1	Traste 2	Traste 3
6	6 - E	6 - F	6 - F#-Gb	6 - G
5	5 - A	5 - A#-Bb	5 - B	5 - C
4	4 - D	4 - D#-Eb	4 - E	4 - F
3	3 - G	3 - G#-Ab	3 - A	3 - A#-Bb
2	2 - B	2 - C	2 - C#-Db	2 - D
1	1 - E	1 - F	1 - F#-Gb	1 - G

Traste 4	Traste 5	Traste 6	Traste 7	Traste 8
6 - G#-Ab	6 - A	6 - A#-Bb	6 - B	6 - C
5 - C#-Db	5 - D	5 - D#-Eb	5 - E	5 - F
4 - F#-Gb	4 - G	4 - G#-Ab	4 - A	4 - A#-Bb
3 - B	3 - C	3 - C#-Db	3 - D	3 - D#-Eb
2 - D#-Eb	2 - E	2 - F	2 - F#-Gb	2 - G
1 - G#-Ab	1 - A	1 - A#-Bb	1 - B	1 - C

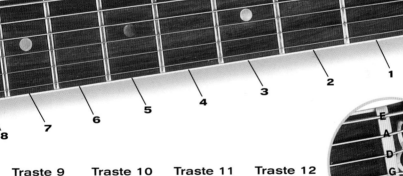

Traste 9	Traste 10	Traste 11	Traste 12
6 - C#-Db	6 - D	6 - D#-Eb	6 - E
5 - F#-Gb	5 - G	5 - G#-Ab	5 - A
4 - B	4 - C	4 - C#-Db	4 - D
3 - E	3 - F	3 - F#-Gb	3 - G
2 - G#-Ab	2 - A	2 - A#-Bb	2 - B
1 - C#-Db	1 - D	1 - D#-Eb	1 - E

Cuerdas al aire

Cuando una nota se incluye en un acorde sin que sea dentro del diapasón, se le llama cuerda al aire.

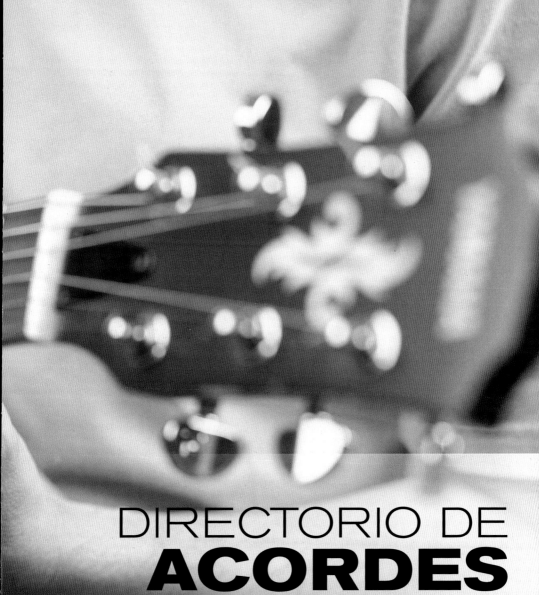

DIRECTORIO DE
ACORDES

sección 1

DO MAYOR (C)

La tonalidad de do mayor es importante, ya que es el punto de partida de la cual se derivan el resto de las tonalidades. En un teclado la escala de C mayor es la más sencilla de tocar dado que utiliza solamente las teclas blancas o naturales. **1** Un acorde favorito de los principiantes y con una resonancia completa de sus voces que se presenta en muchas canciones famosas y riffs. **3** La primera inversión de C con su tercera (E) como su nota más grave.

1 C (Cmaj, Cmajor, CM)
1 - 3 - 5
C - E - G

2 C (Cmaj, Cmajor, CM)
1 - 3 - 5
C - E - G

C

3 C (Cmaj, Cmajor, CM)

1 - 3 - 5
C - E - G

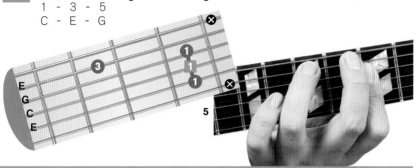

4 C (Cmaj, Cmajor, CM)

1 - 3 - 5
C - E - G

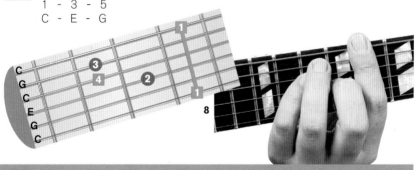

5 C (Cmaj, Cmajor, CM)

1 - 3 - 5
C - E - G

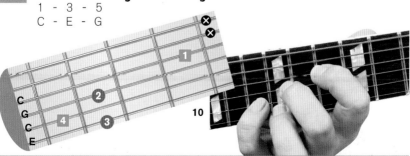

DO MAYOR (C)

Un acorde de "final clásico" que ha sido usado por muchos, desde Louis Armstrong hasta los Beatles; el acorde con sexta también puede ser usado como un sustituto para un acorde mayor. **2** Un acorde resonante que incluye a las cinco primeras cuerdas con la tónica duplicada (C) que es perfecto para finales. **5** Un acorde con registro alto, con sus voces repartidas en las cuatro primeras cuerdas bueno para crear ritmos sincopados picados.

1 ## C6 (Cmaj6, Cmajor6, CM6)
1 - 3 - 5 - 6
C - E - G - A

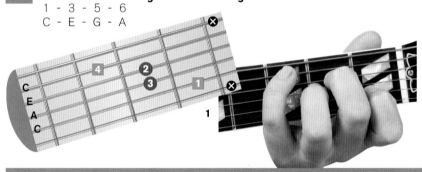

2 ## C6 (Cmaj6, Cmajor6, CM6)
1 - 3 - 5 - 6
C - E - G - A

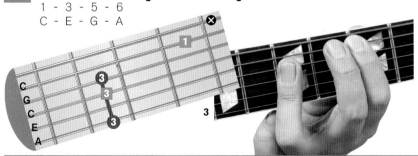

C

3 C6 (Cmaj6, Cmajor6, CM6)

1 - 3 - 5 - 6
C - E - G - A

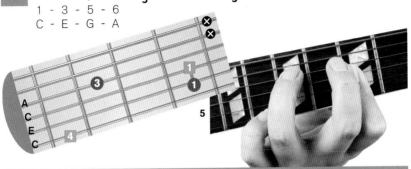

4 C6 (Cmaj6, Cmajor6, CM6)

1 - 3 - 5 - 6
C - E - G - A

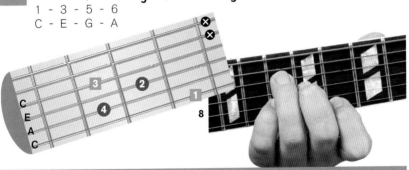

5 C6 (Cmaj6, Cmajor6, CM6)

1 - 3 - 5 - 6
C - E - G - A

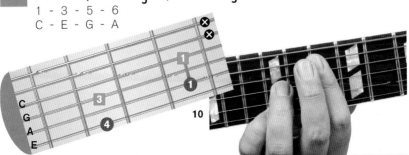

DO MAYOR (C)

El más jazzista y más agradable de todos los acordes mayores. El acorde con séptima mayor no es sólo para el jazz, aparece en muchas canciones de rock también. **1** Este maravillosamente sonoro acorde de séptima mayor abierto, es grandioso para trabajarlo en un rasgueo con guitarra acústica. **4** Una vocificación popular en el jazz que también funciona bien cuando se utiliza en rasgueos rítmicos.

1 Cmaj7 (C△, Cmajor7, CM7)

1 - 3 - 5 - 7
C - E - G - B

2 Cmaj7 (C△, Cmajor7, CM7)

1 - 3 - 5 - 7
C - E - G - B

C

3 Cmaj7 (C△, Cmajor7, CM7)

1 - 3 - 5 - 7
C - E - G - B

4 Cmaj7 (C△, Cmajor7, CM7)

1 - 3 - 5 - 7
C - E - G - B

5 Cmaj7 (C△, Cmajor7, CM7)

1 - 3 - 5 - 7
C - E - G - B

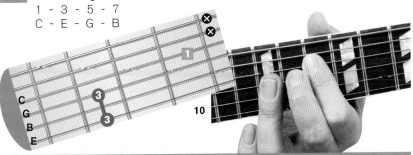

DO MAYOR (C)

Csus (Do suspendido)

Los acordes suspendidos le dan cierto "interés" a una secuencia de acordes o a un acorde estático en vamp y se acopla bien con acordes mayores con voces similares.

Csus4: 1 Un acorde suspendido abierto con su tónica (C) duplicada.

Csus2: 2 El acorde con cejilla sus2 ubicuo, preferido por muchos guitarristas de rock durante los años 80.

1 Csus4

1 - 4 - 5
C - F - G

2 Csus4

1 - 4 - 5
C - F - G

C

1 Csus2
1 - 2 - 5
C - D - G

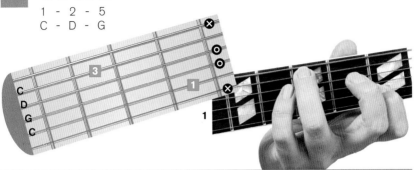

2 Csus2
1 - 2 - 5
C - D - G

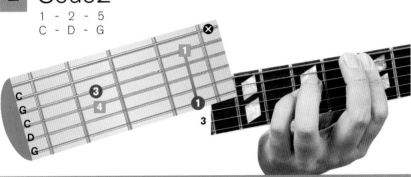

3 Csus2
1 - 2 - 5
C - D - G

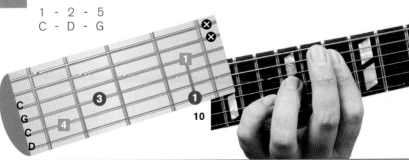

DO MENOR (Cm)

Relativo menor de Eb mayor, C menor es una tonalidad común dentro progresiones de blues menores y es usado con frecuencia por muchos guitarristas. **1** Esta forma abierta del acorde es más usual en la música clásica, pero suena muy bien usándolo de una forma arpegiada con plumilla. **4** Una forma de acorde con cejilla sobre las seis cuerdas a partir del traste ocho, muy versátil.

1 Cm (Cmin, Cmenor, C–)

1 - b3 - 5
C - Eb - G

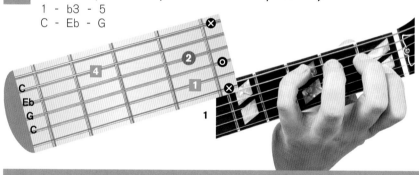

2 Cm (Cmin, Cmenor, C–)

1 - b3 - 5
C - Eb - G

3 Cm (Cmin, Cmenor, C–)

1 - b3 - 5
C - Eb - G

4 Cm (Cmin, Cmenor, C–)

1 - b3 - 5
C - Eb - G

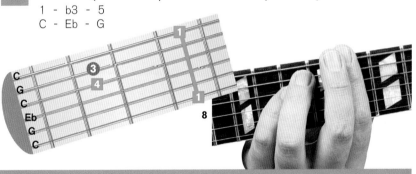

5 Cm (Cmin, Cmenor, C–)

1 - b3 - 5
C - Eb - G

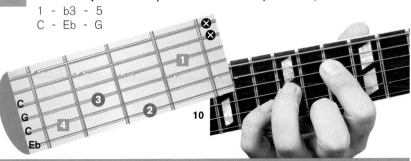

C

DO MENOR (Cm)

Los acordes menores con sexta pueden ser usados como sustitutos para los acordes menores básicos cuando se necesite mayor textura o color. Los acordes menores con séptima menor se usan con frecuencia como acordes estáticos en vamp (en especial para el funk y fusión) o para anteceder a un acorde de dominante siete cuya tónica se encuentra a una quinta justa arriba. (ej. como el segundo acorde en una progresión II-V-I).

1 ## Cmin6 (Cminor6, Cm6, C−6)

1 - b3 - 5 - 6
C - Eb - G - A

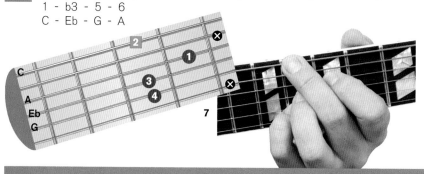

2 ## Cmin6 (Cminor6, Cm6, C−6)

1 - b3 - 5 - 6
C - Eb - G - A

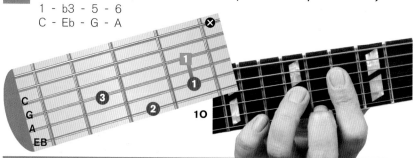

1 Cmin7 (Cminor7, Cm7, C−7)

1 - b3 - 5 - b7
C - Eb - G - Bb

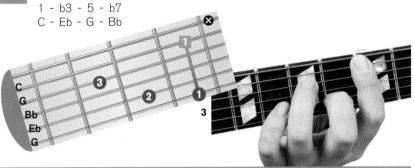

2 Cmin7 (Cminor7, Cm7, C−7)

1 - b3 - 5 - b7
C - Eb - G - Bb

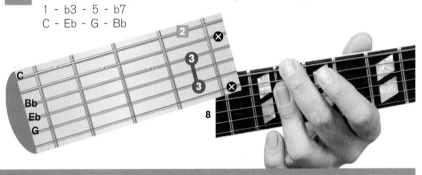

3 Cmin7 (Cminor7, Cm7, C−7)

1 - b3 - 5 - b7
C - Eb - G - Bb

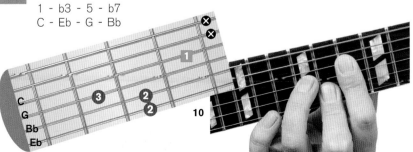

DO SIETE (C7)

Ningún guitarrista respetable debería salir de casa sin estos cinco esenciales acordes de séptima dominante. **1** Un acorde C7 abierto que es usado por igual en ritmos rasgueados o arpegiados. **3** Un acorde en inversión con un registro alto, que abarca las primeras cuatro cuerdas con la quinta (G) como la nota más baja, bueno para proporcionar fuerza a una rítmica picada de guitarra.

1 C7 (Cdom7)
1 - 3 - 5 - b7
C - E - G - Bb

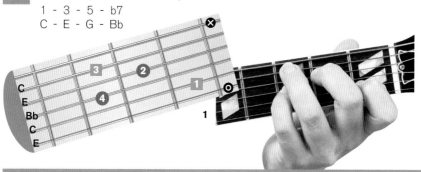

2 C7 (Cdom7)
1 - 3 - 5 - b7
C - E - G - Bb

3 C7 (Cdom7)
1 - 3 - 5 - b7
C - E - G - Bb

4 C7 (Cdom7)
1 - 3 - 5 - b7
C - E - G - Bb

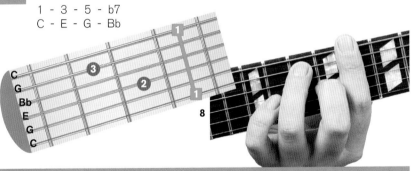

5 C7 (Cdom7)
1 - 3 - 5 - b7
C - E - G - Bb

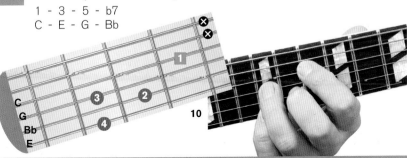

DO SIETE (C7)

El acorde C7#5 (C siete con la quinta aumentada) es un acorde de séptima dominante que crea "tensión" y se usa con más frecuencia en una cadencia perfecta, como por ejemplo cuando un acorde de dominante (V) resuelve a su tónica (I). **C7#5: 2** Trata de usar este acorde seguido de Fmaj7, la forma 4 en la página 109. **C7sus: 1** El acorde C7sus crea una tensión menor y tiene un sonido más "abierto" y funciona bien cuando hace pareja con acordes dominantes similares C7, por ejemplo este acorde seguido por C7, la forma 2 en la página 26.

1 C7#5 (C7aug, C7+)

1 - 3 - #5 - b7
C - E - G# - Bb

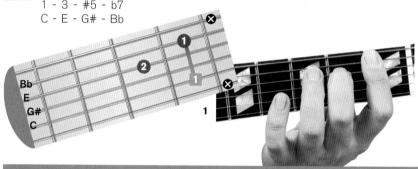

2 C7#5 (C7aug, C7+)

1 - 3 - #5 - b7
C - E - G# - Bb

1 C7sus (C7sus4)

1 - 4 - 5 - b7
C - F - G - Bb

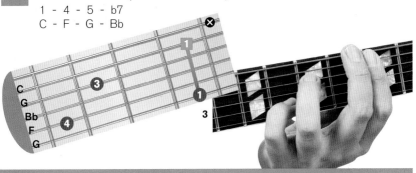

2 C7sus (C7sus4)

1 - 4 - 5 - b7
C - F - G - Bb

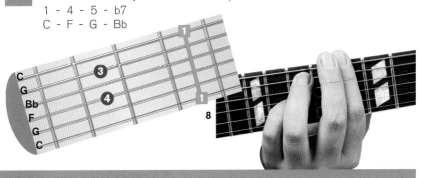

3 C7sus (C7sus4)

1 - 4 - 5 - b7
C - F - G - Bb

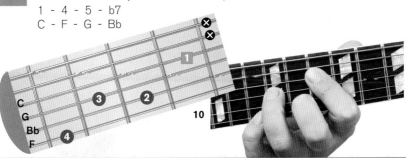

DO SIETE (C7)

Una selección de acordes de séptima dominante con diferentes colores de tensión agregadas para crear un interés armónico especial. **C7#9** Este acorde es a menudo llamado como "el acorde de Hendrix", a partir de que Jimi usara el acorde con la novena aumentada (#9) en sus composiciones. **C13: 1 y 2** Estos acordes no son sólo buenos para los jazzistas, también se usan en el funk y en todos los estilos relacionados con el baile.

C9 (Cdom9)

1 - 3 - 5 - b7 - 9
C - E - G - Bb - D

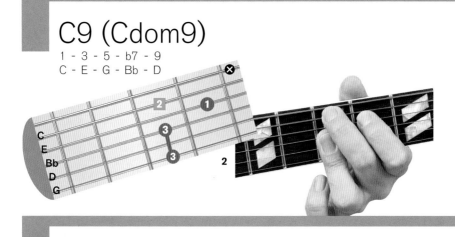

C7#9

1 - 3 - 5 - b7 - #9
C - E - G - Bb - D#

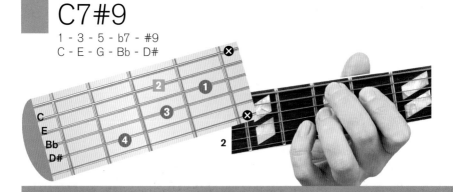

C7b9
1 - 3 - 5 - b7 - b9
C - E - G - Bb - Db

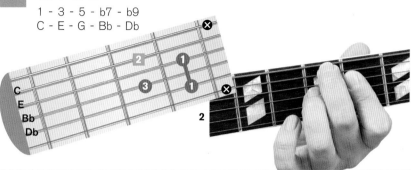

1 C13
1 - 3 - 5 - b7 - 9 -13
C - E - G - Bb - D - A

2 C13
1 - 3 - 5 - b7 - 9 -13
C - E - G - Bb - D - A

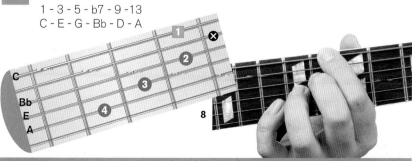

DO SOSTENIDO MAYOR O RE BEMOL MAYOR (C# / Db)

La tonalidad de C sostenido rara vez es usada debido a que su armadura presenta no menos que siete sostenidos (cada nota de la escala es sostenido). Esto la hace una tonalidad no popular y difícil de leer. **1** Una inversión que abarca cuatro cuerdas con la tercera (E sostenido) como la nota más baja. **5** Otro acorde de cuatro cuerdas (1,2,3 y 4); éste es con un registro alto, posición de tónica, bueno para partes rítmicas de una segunda guitarra.

1 C# (C#maj, C#major, C#M)

1 - 3 - 5
C# - E# - G#

2 C# (C#maj, C#major, C#M)

1 - 3 - 5
C# - E# - G#

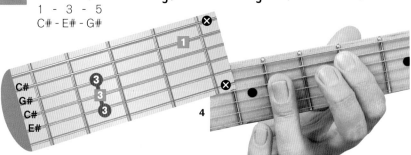

3 C# (C#maj, C#major, C#M)

1 - 3 - 5
C# - E# - G#

4 C# (C#maj, C#major, C#M)

1 - 3 - 5
C# - E# - G#

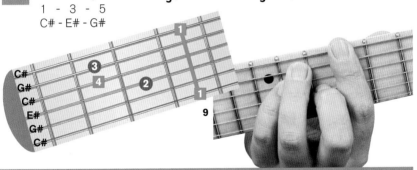

5 C# (C#maj, C#major, C#M)

1 - 3 - 5
C# - E# - G#

DO SOSTENIDO MAYOR O RE BEMOL MAYOR (C# / Db)

Los acordes de sexta son llamados así porque le agregan una sexta mayor a la triada básica mayor, en consecuencia el cifrado armónico de este acorde es 1-3-5-6. **1** Un acorde cálido y de jazz que abarca cuatro cuerdas con la primera y sexta cuerdas muteadas. **4** Este acorde que comprende las primeras cuatro cuerdas es idealmente propio para guitarras rítmicas de blues.

1 C#6 (C#maj6, C#major6, C#M6)

1 - 3 - 5 - 6
C# - E# - G# - A#

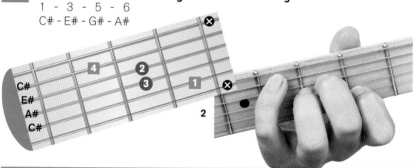

2 C#6 (C#maj6, C#major6, C#M6)

1 - 3 - 5 - 6
C# - E# - G# - A#

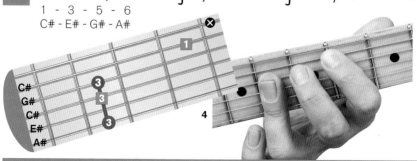

C#

3 C#6 (C#maj6, C#major6, C#M6)

1 - 3 - 5 - 6
C# - E# - G# - A#

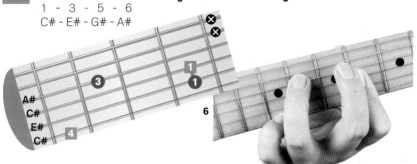

4 C#6 (C#maj6, C#major6, C#M6)

1 - 3 - 5 - 6
C# - E# - G# - A#

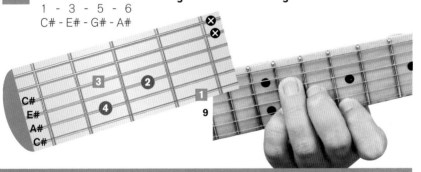

5 C#6 (C#maj6, C#major6, C#M6)

1 - 3 - 5 - 6
C# - E# - G# - A#

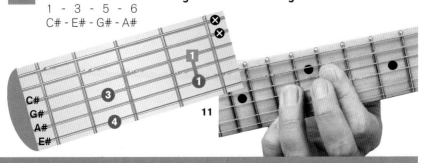

DO SOSTENIDO MAYOR O RE BEMOL MAYOR (C# / Db)

El suave sonido del acorde con séptima mayor puede ser usado en innumerables situaciones musicales; desde un dulce acompañamiento de jazz hasta un discordante y distorsionado rock; este acorde da color a cualquier progresión. **1** Una gran abertura entre los dedos de la mano izquierda se necesita para colocar esta posición baja del C#maj7 en el brazo. En caso de que encuentres difícil la posición puedes omitir el cuarto dedo (tónica). **5** Este campaneante acorde de séptima mayor que abarca las cuatro primeras cuerdas puede endulzar cualquier progresión de acordes.

1 C#maj7 (C#△, C#major7, C#M7)

1 - 3 - 5 - 7
C# - E# - G# - B#

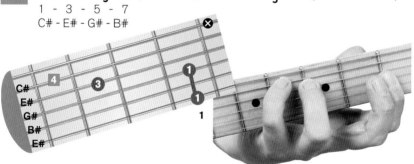

2 C#maj7 (C#△, C#major7, C#M7)

1 - 3 - 5 - 7
C# - E# - G# - B#

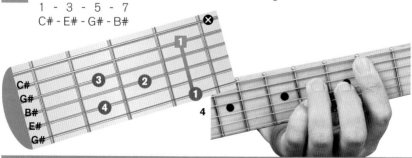

3 ## C#maj7 (C#△, C#major7, C#M7)

1 - 3 - 5 - 7
C# - E# - G# - B#

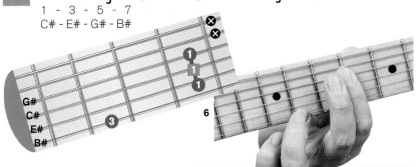

4 ## C#maj7 (C#△, C#major7, C#M7)

1 - 3 - 5 - 7
C# - E# - G# - B#

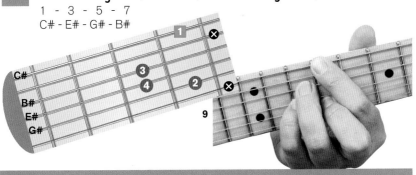

5 ## C#maj7 (C#△, C#major7, C#M7)

1 - 3 - 5 - 7
C# - E# - G# - B#

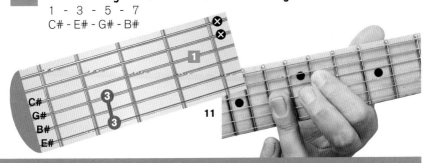

DO SOSTENIDO MAYOR O RE BEMOL MAYOR (C# / Db)

C#sus (C sostenido suspendido)

Los acordes suspendidos a menudo se usan para crear ambigüedad armónica ya que no contienen tercera, por lo tanto no son ni mayores ni menores. **C#sus2: 2** Una posición en registro alto usando las cuatro primeras cuerdas, bueno para ritmos picados. **C#sus4: 2** Crea un gran sonido con esta posición sus4 que abarca las seis cuerdas, funciona bien cuando se mezcla con el acorde C#mayor (forma 4 de la página 33).

1 C#sus2

1 - 2 - 5
C# - D# - G#

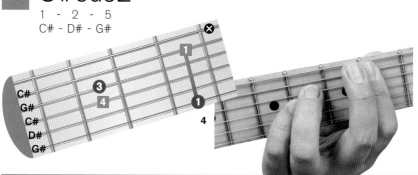

2 C#sus2

1 - 2 - 5
C# - D# - G#

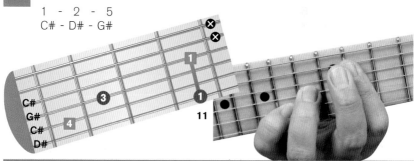

C#

1 C#sus4
1 - 4 - 5
C# - F# - G#

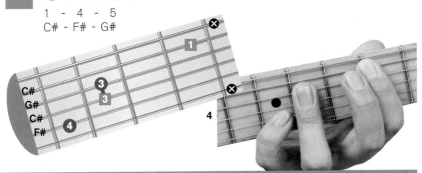

2 C#sus4
1 - 4 - 5
C# - F# - G#

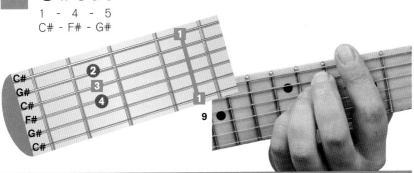

3 C#sus4
1 - 4 - 5
C# - F# - G#

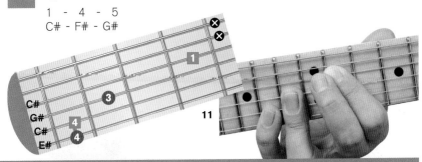

DO SOSTENIDO MENOR O RE BEMOL MENOR (C#M / Dbm)

La tonalidad de C sostenido menor (la cual contiene cuatro sostenidos) es el relativo menor de E mayor (una tonalidad muy común en la guitarra), y se encuentra con frecuencia en la música. **1** Esta forma requiere una gran expansión de los dedos tres y cuatro de la mano que presiona las cuerdas; si encuentras difícil esta posición, omite la nota más alta. **3** Una posición en inversión que abarca las cuatro cuerdas centrales con la tercera menor (E) como su nota más grave.

1 C#m (C#min, C#minor, C#−)

1 - b3 - 5
C# - E - G#

2 C#m (C#min, C#minor, C#−)

1 - b3 - 5
C# - E - G#

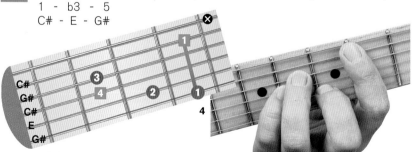

C#

3 C#m (C#min, C#minor, C#−)
1 - b3 - 5
C# - E - G#

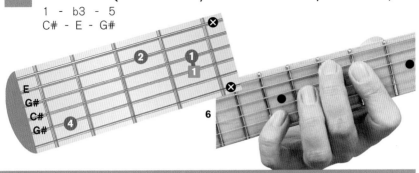

4 C#m (C#min, C#minor, C#−)
1 - b3 - 5
C# - E - G#

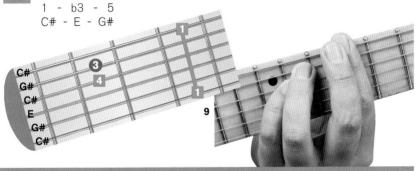

5 C#m (C#min, C#minor, C#−)
1 - b3 - 5
C# - E - G#

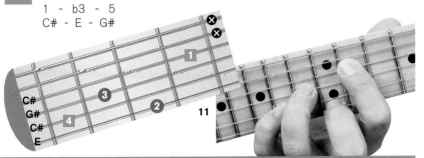

DO SOSTENIDO MENOR O RE BEMOL MENOR (C#M / Dbm)

Agregar la sexta o la séptima menor es una buena forma de darle un poco de color a un acorde menor básico. **C#min6: 1** Este sonoro acorde tiene su tónica separada de las otras notas en la sexta cuerda. Toma nota de que tanto la primera y la quinta cuerda no se deben de tocar. **C#min7: 1** Un versátil acorde menor con séptima menor con la quinta (G sostenido) duplicada.

1 ## C#min6 (C#minor6, C#m6, C#−6)

1 - b3 - 5 - 6
C# - E - G# - A#

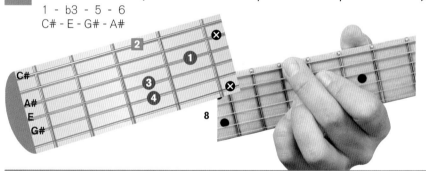

2 ## C#min6 (C#minor6, C#m6, C#−6)

1 - b3 - 5 - 6
C# - E - G# - A#

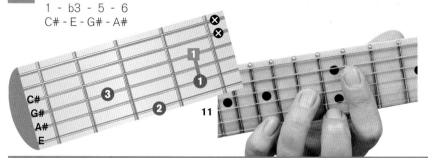

1 C#min7 (C#minor7, C#m7, C#−7)

1 - b3 - 5 - b7
C# - E - G# - B

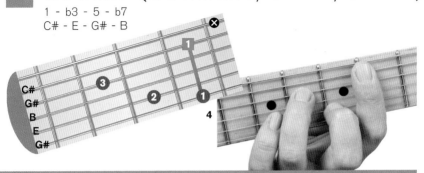

2 C#min7 (C#minor7, C#m7, C#−7)

1 - b3 - 5 - b7
C# - E - G# - B

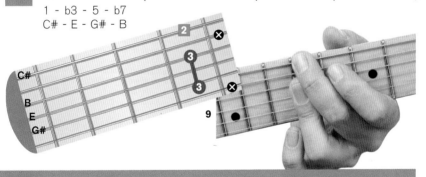

3 C#min7 (C#minor7, C#m7, C#−7)

1 - b3 - 5 - b7
C# - E - G# - B

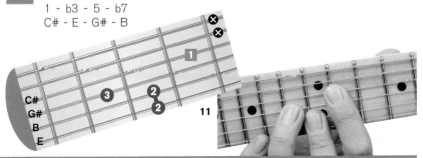

DO SOSTENIDO SIETE O
RE BEMOL SIETE (C#7 / Db7)

Un acorde dominante siete puede ser usado como un acorde estático (como por ejemplo el primer acorde de un blues), o en una cadencia o resolución. C#7 puede resolver tanto a F# mayor como a F# menor. **1** Este acorde que comprende las cuatro cuerdas centrales, es uno de los favoritos entre los guitarristas de técnica sin plumilla, quienes a menudo agregan la quinta grave (G sostenido) en la sexta cuerda para crear una línea de bajo alternado.

1 ## C#7 (C#dom7)
1 - 3 - 5 - b7
C# - E# - G# - B

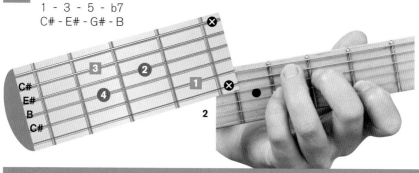

2 ## C#7 (C#dom7)
1 - 3 - 5 - b7
C# - E# - G# - B

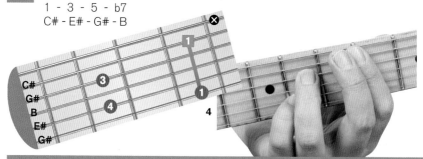

C#

3 C#7 (C#dom7)

1 - 3 - 5 - b7
C# - E# - G# - B

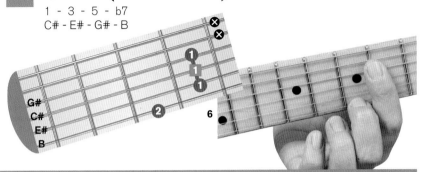

4 C#7 (C#dom7)

1 - 3 - 5 - b7
C# - E# - G# - B

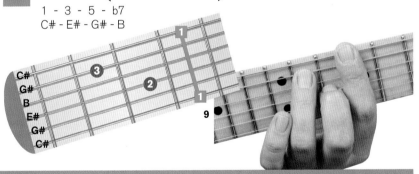

5 C#7 (C#dom7)

1 - 3 - 5 - b7
C# - E# - G# - B

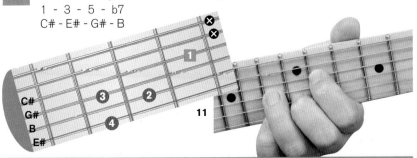

DO SOSTENIDO SIETE O RE BEMOL SIETE (C#7 / Db7)

El agregar una quinta aumentada a un acorde de dominante siete crea tensión y realza la caída hacia la resolución en una cadencia perfecta (V-I). **C#7#5: 1** Una posición en inversión oscura y seria con su séptima menor (B) como nota más grave. **C#7sus: 3** Acorde de dominante siete con cuarta suspendida en un registro alto usando las cuatro primeras cuerdas, ideal para ritmos sincopados; crea este ritmo sincopado ahogando al acorde (liberando la presión que ejerces sobre el acorde con la mano que presiona las cuerdas).

1 ## C#7#5 (C#7aug, C#7+)

1 - 3 - #5 - b7
C# - E# - G## - B

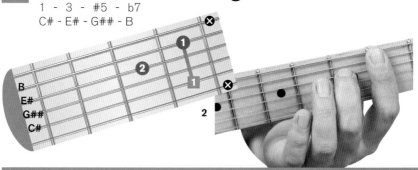

2 ## C#7#5 (C#7aug, C#7+)

1 - 3 - #5 - b7
C# - E# - G## - B

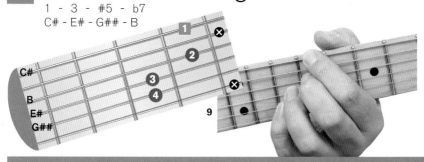

1 C#7sus (C#7sus4)

1 - 4 - 5 - b7
C# - F# - G# - B

2 C#7sus (C#7sus4)

1 - 4 - 5 - b7
C# - F# - G# - B

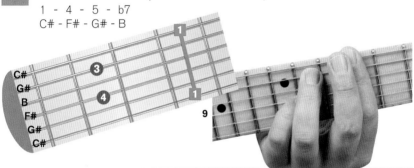

3 C#7sus (C#7sus4)

1 - 4 - 5 - b7
C# - F# - G# - B

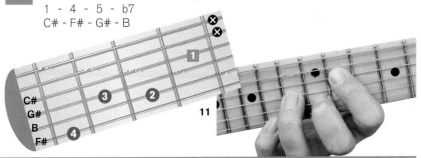

DO SOSTENIDO SIETE O RE BEMOL SIETE (C#7 / Db7)

C#

La novena crea un interés armónico adicional cuando se agrega a un acorde dominante siete. Novenas alteradas (b9 o #9) crean tensión y realzan la resolución cuando se usa en una cadencia perfecta (V-I); mientras que el acorde dominante siete con novena mayor se usan con frecuencia como acorde estático en vamp con temas de funk y blues. La trecena, propia del jazz, es un acorde muy versátil y también se emplea en muchos otros géneros.

C#9 (C#dom9)
1 - 3 - 5 - b7 - 9
C# - E# - G# - B - D#

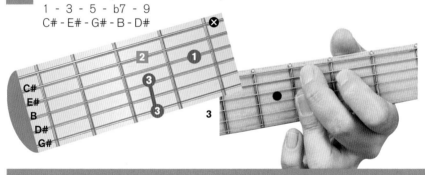

C#7#9
1 - 3 - 5 - b7 - #9
C# - E# - G# - B - D##

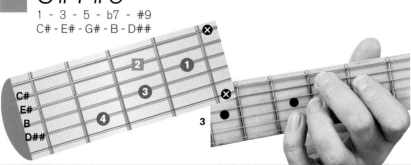

C#7b9

1 - 3 - 5 - b7 - b9
C# - E# - G# - B - D

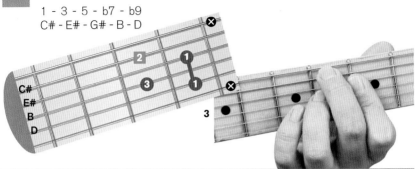

1 ## C#13

1 - 3 - 5 - b7 - 9 - 13
C# - E# - G# - B - D# - A#

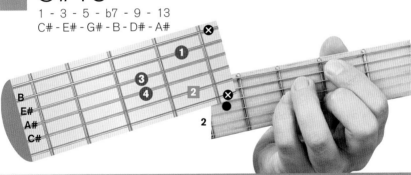

2 ## C#13

1 - 3 - 5 - b7 - 9 - 13
C# - E# - G# - B - D# - A#

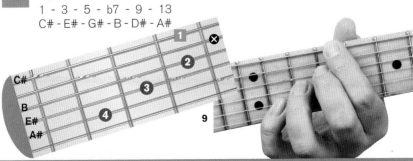

RE MAYOR (D)

La tonalidad de D mayor es muy "amigable" en la guitarra, y muchas canciones clásicas han sido escritas en esta tonalidad. **1** Un acorde básico muy sonoro que abarca las cuatro primeras cuerdas ideal para un rasgueo rítmico. **2** Una ligera variación del acorde anterior; esta posición en inversión que usa las cuatro primeras cuerdas tiene su tercera (F sostenido) como nota más grave, y es idóneo para un ritmo "ahogado", ya que puede ser fácilmente sofocado.

D

1 D (Dmaj, Dmajor, DM)

1 - 3 - 5
D - F# - A

2 D (Dmaj, Dmajor, DM)

1 - 3 - 5
D - F# - A

3 D (Dmaj, Dmajor, DM)

1 - 3 - 5
D - F# - A

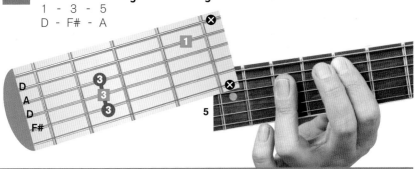

4 D (Dmaj, Dmajor, DM)

1 - 3 - 5
D - F# - A

5 D (Dmaj, Dmajor, DM)

1 - 3 - 5
D - F# - A

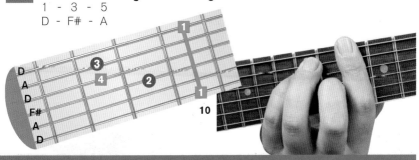

D

RE MAYOR (D)

El acorde con sexta podrá ser tu primer opción cuando tengas que sustituir un acorde básico mayor, la sexta no "chocara" con la tónica (a diferencia de la séptima con la tónica en un acorde mayor siete). **1** Tomando en cuenta que contiene dos cuerdas al aire, este acorde que abarca cuatro cuerdas crea tonos brillantes y sonoros. **2** En contraste con el acorde anterior, éste tiene un sonido más cálido y jazzista.

1 ## D6 (Dmaj6, Dmajor6, DM6)
1 - 3 - 5 - 6
D - F# - A - B

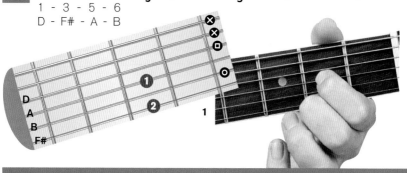

2 ## D6 (Dmaj6, Dmajor6, DM6)
1 - 3 - 5 - 6
D - F# - A - B

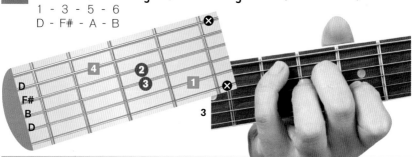

3 D6 (Dmaj6, Dmajor6, DM6)

1 - 3 - 5 - 6
D - F# - A - B

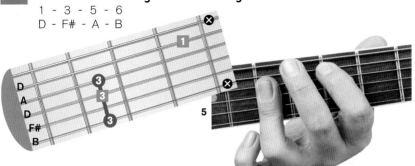

4 D6 (Dmaj6, Dmajor6, DM6)

1 - 3 - 5 - 6
D - F# - A - B

5 D6 (Dmaj6, Dmajor6, DM6)

1 - 3 - 5 - 6
D - F# - A - B

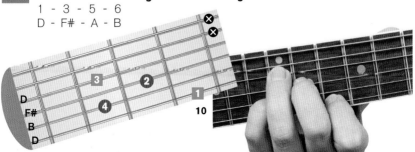

RE MAYOR (D)

El acorde con séptima mayor a menudo es ignorado por los guitarristas de rock debido a su connotación jazzistica, pero muchos pioneros del rock (como Jimi Hendrix, Jeff Beck y Jimmy Page) con frecuencia incorporaban el brillante y vivo sonido de este acorde en su trabajo. **1** Los acordes abiertos poseen una cualidad resonante carente en las demás formas, y esta posición de acorde con séptima mayor que utiliza las primeras cuatro cuerdas no es la excepción.

D

1 Dmaj7 (D△, Dmajor7, DM7)

1 - 3 - 5 - 7
D - F# - A - C#

2 Dmaj7 (D△, Dmajor7, DM7)

1 - 3 - 5 - 7
D - F# - A - C#

3 Dmaj7 (D△, Dmajor7, DM7)

1 - 3 - 5 - 7
D - F# - A - C#

D

4 Dmaj7 (D△, Dmajor7, DM7)

1 - 3 - 5 - 7
D - F# - A - C#

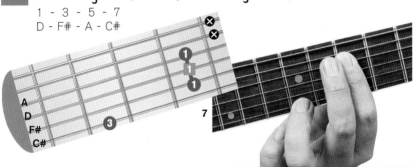

5 Dmaj7 (D△, Dmajor7, DM7)

1 - 3 - 5 - 7
D - F# - A - C#

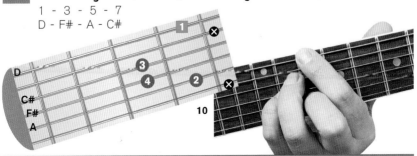

RE MAYOR (D)
Dsus (D suspendido)

Este tipo de acorde "suspende temporalmente" la tercera de un acorde remplazándola con la segunda o la cuarta, teniendo como opción volver al acorde mayor, o si no se desea, simplemente se puede mantener la "suspensión" para intensificar la tensión armónica. **Dsus2: 1** Con dos de sus notas al aire, esta forma abierta de acorde produce un sonido completo y resonante.

D

1 Dsus2
1 - 2 - 5
D - E - A

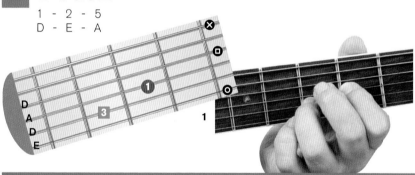

2 Dsus2
1 - 2 - 5
D - E - A

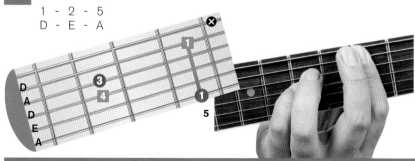

1 Dsus4
1 - 4 - 5
D - G - A

D

2 Dsus4
1 - 4 - 5
D - G - A

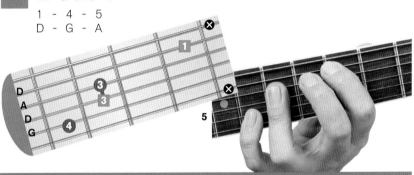

3 Dsus4
1 - 4 - 5
D - G - A

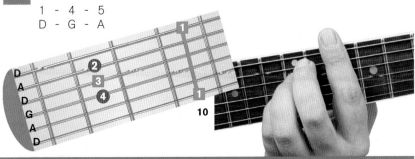

RE MENOR (Dm)

Inmortalizado en el bromista documental de rock *This is Spinal Tap* como "la tonalidad más triste de todas," D menor es una tonalidad muy popular en la guitarra. **1** Un acorde abierto simple, usando las cuatro primeras cuerdas, que posee una cualidad oscura y casi medieval. **3** Este versátil acorde con cejilla que abarca las cinco primeras cuerdas, fue célebremente famoso gracias al tema de Pink Floyd *Another Brick In The Wall* (*Otro ladrillo en la pared*), creando un riff de guitarra rítmico hipnótico y ahogado.

1 Dm (Dmin, Dminor, D−)

1 - b3 - 5
D - F - A

2 Dm (Dmin, Dminor, D−)

1 - b3 - 5
D - F - A

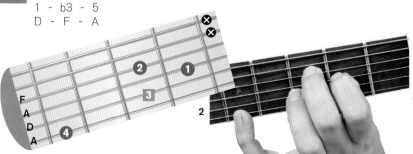

3 Dm (Dmin, Dminor, D−)

1 - b3 - 5
D - F - A

D

4 Dm (Dmin, Dminor, D−)

1 - b3 - 5
D - F - A

5 Dm (Dmin, Dminor, D−)

1 - b3 - 5
D - F - A

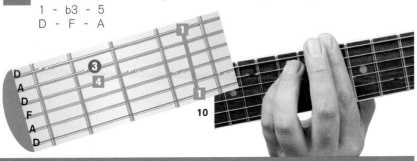

D

RE MENOR (Dm)

No tengas miedo de experimentar con voces (notas) de acordes. Agregar una sexta o una séptima menor a un acorde básico menor te ayudará a crear un acompañamiento más interesante. **Dmin6: 1** Esta posición abierta de acorde menor seis es oscura y evocativa, y puede ser rasgueado con una plumilla o arpegiado con los dedos para crear una textura más atmosférica.

1 Dmin6 (Dminor6, Dm6, D−6)

1 - b3 - 5 - 6
D - F - A - B

2 Dmin6 (Dminor6, Dm6, D−6)

1 - b3 - 5 - 6
D - F - A - B

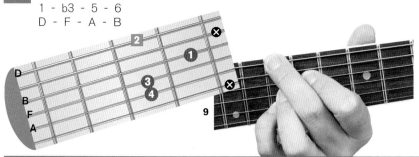

1 Dmin7 (Dminor7, Dm7, D−7)

1 - b3 - 5 - b7
D - F - A - C

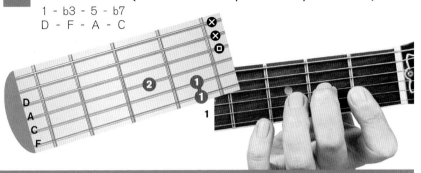

D

2 Dmin7 (Dminor7, Dm7, D−7)

1 - b3 - 5 - b7
D - F - A - C

3 Dmin7 (Dminor7, Dm7, D−7)

1 - b3 - 5 - b7
D - F - A - C

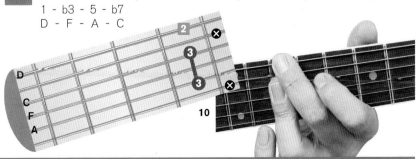

D

RE SIETE (D7)

Los acordes de dominante siete tienen una cualidad característica que les permite ser usados para crear tensión y movimiento. Este sonido se deriva del intervalo de quinta disminuida que se forma entre la séptima menor (C), y la tercera (F sostenido); este intervalo de hecho fue prohibido durante la edad media, ¡ya que se temía que al tocarlo se convocaría a Belcebú! De aquí que el blues ha sido llamado "música del diablo" con su base armónica de séptima dominante.

1 D7 (Ddom7)

1 - 3 - 5 - b7
D - F# - A - C

2 D7 (Ddom7)

1 - 3 - 5 - b7
D - F# - A - C

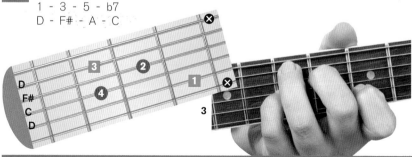

3 D7 (Ddom7)
1 - 3 - 5 - b7
D - F# - A - C

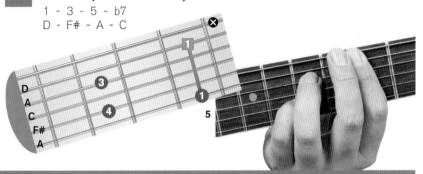

D

4 D7 (Ddom7)
1 - 3 - 5 - b7
D - F# - A - C

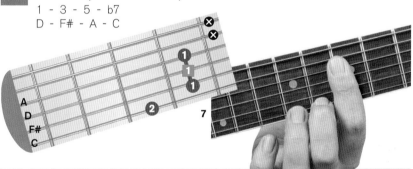

5 D7 (Ddom7)
1 - 3 - 5 - b7
D - F# - A - C

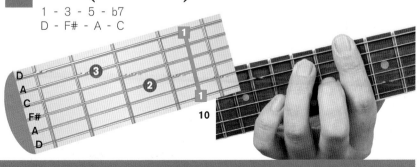

D

RE SIETE (D7)

Alterando ascendentemente la quinta de un acorde de dominante siete, da como resultado un acorde con un sonido más oscuro que a menudo se usa para crear una tensión extra cuando se usa en una progresión V-I (D7-G). El acorde de dominante siete con la cuarta suspendida crea un menor sentido de anticipación. Un ejemplo famoso es el acorde 7sus4 (dominante siete con cuarta suspendida) con el que empieza la canción clásica de los 60's *California Dreaming* de The Mamas And The Papas'.

1
D7#5 (D7aug, D7+)

1 - 3 - #5 - b7
D - F# - A# - C

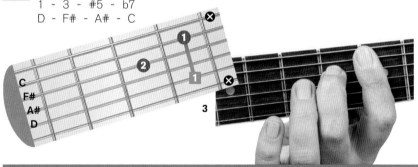

2
D7#5 (D7aug, D7+)
1 - 3 - #5 - b7
D - F# - A# - C

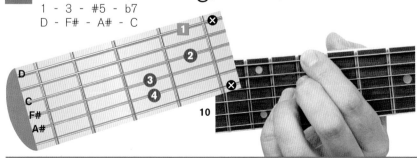

1 # D7sus (D7sus4)

1 - 4 - 5 - b7
D - G - A - C

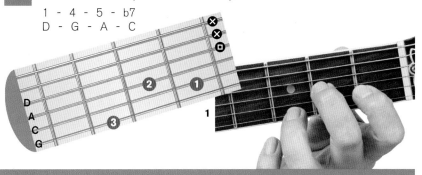

2 # D7sus (D7sus4)

1 - 4 - 5 - b7
D - G - A - C

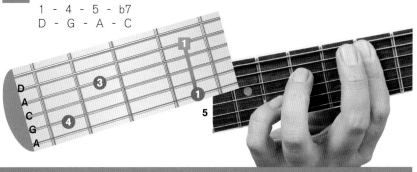

3 # D7sus (D7sus4)

1 - 4 - 5 - b7
D - G - A - C

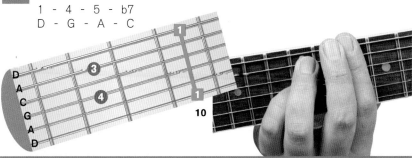

D

RE SIETE (D7)

El acorde dominante nueve es una ampliación del acorde de dominante siete, se forma agregando una novena mayor al acorde de dominante siete; la quinta del acorde (A) con frecuencia se omite en las posiciones para guitarra. El acorde de dominante trece es una ampliación del acorde de dominante nueve, a este se le agrega una nota más (la trecena) haciéndolo un acorde a seis partes (con seis notas). Para facilitar la ejecución de este acorde, a menudo se omite la quinta (A) y la novena (E).

D

D9 (Ddom9)
1 - 3 - 5 - b7 - 9
D - F# - A - C - E

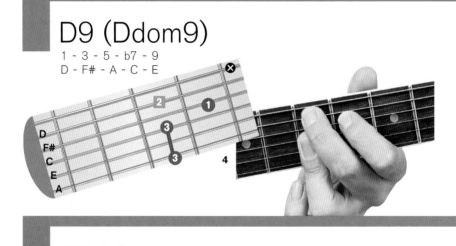

D7#9
1 - 3 - 5 - b7 - #9
D - F# - A - C - E#

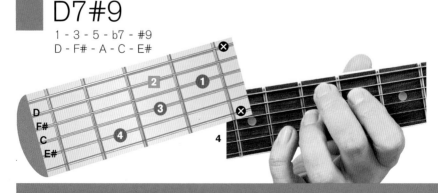

D7b9

1 - 3 - 5 - b7 - b9
D - F# - A - C - Eb

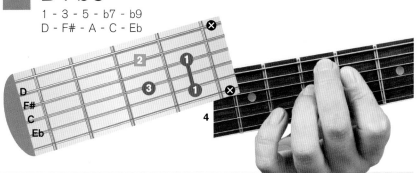

D

1 D13

1 - 3 - 5 - b7 - 9 - 13
D - F# - A - C - E - B

2 D13

1 - 3 - 5 - b7 - 9 - 13
D - F# - A - C - E - B

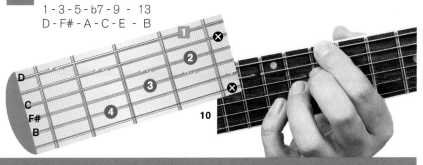

MI BEMOL MAYOR O RE SOSTENIDO MAYOR (Eb / D#)

Puesto que Eb (E bemol) es una tonalidad buena para instrumentos de viento (saxofón, trompeta y trombón), cualquier estilo de música que use estos instrumentos (como por ejemplo: jazz, Chicago blues, soul y funk) acoge favorablemente a esta y otras tonalidades que usen bemoles. **4** Una posición de inversión común y muy útil que usa las cuatro cuerdas centrales, famosa por su aparición en la intro de *The Wind Cries Mary* de Jimi Hendrix (en realidad Jimi extendió la cejilla hasta la quinta cuerda haciendo un ligado ascendente "hammer-on" sobre la misma quinta cuerda).

Eb

1 Eb (Ebmaj, Ebmajor, EbM)

1 - 3 - 5
Eb - G - Bb

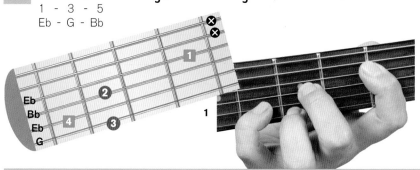

2 Eb (Ebmaj, Ebmajor, EbM)

1 - 3 - 5
Eb - G - Bb

3 Eb (Ebmaj, Ebmajor, EbM)

1 - 3 - 5
Eb - G - Bb

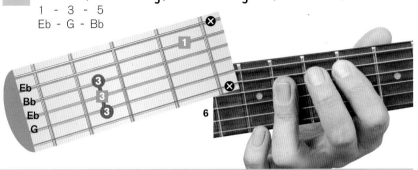

4 Eb (Ebmaj, Ebmajor, EbM)

1 - 3 - 5
Eb - G - Bb

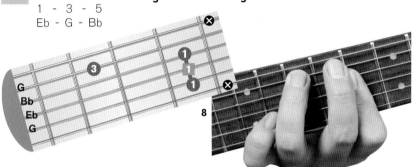

5 Eb (Ebmaj, Ebmajor, EbM)

1 - 3 - 5
Eb - G - Bb

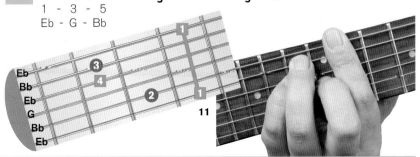

Eb

MI BEMOL MAYOR O RE SOSTENIDO MAYOR (Eb / D#)

El agregar una sexta mayor a una triada básica mayor nos da como resultado un acorde a cuatro partes (con cuatro notas), con un color armónico mayor al de un acorde básico mayor; es una buena forma de darle interés y un poco de "sazón" a lo que podría ser un secuencia de acordes insípida. **4** Un acorde con un sonido ligero y fresco con la sexta (C) como la nota más grave.

Eb

1 ## Eb6 (Ebmaj6, Ebmajor6, EbM6)

1 - 3 - 5 - 6
Eb - G - Bb - C

2 ## Eb6 (Ebmaj6, Ebmajor6, EbM6)

1 - 3 - 5 - 6
Eb - G - Bb - C

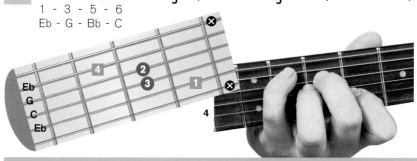

3 Eb6 (Ebmaj6, Ebmajor6, EbM6)

1 - 3 - 5 - 6
Eb - G - Bb - C

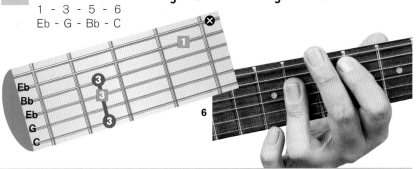

4 Eb6 (Ebmaj6, Ebmajor6, EbM6)

1 - 3 - 5 - 6
Eb - G - Bb - C

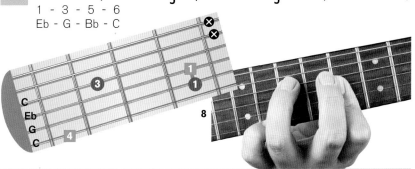

5 Eb6 (Ebmaj6, Ebmajor6, EbM6)

1 - 3 - 5 - 6
Eb - G - Bb - C

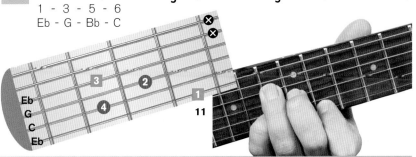

Eb

MI BEMOL MAYOR O RE SOSTENIDO MAYOR (Eb / D#)

El agregar una séptima mayor a una triada básica mayor crea un acorde más grande que la suma de sus partes: suave, flotante agradable y sofisticado. **3** Un acorde increíblemente versátil con una cejilla abarcando las cinco primeras cuerdas que suena bien con sólo sostenerlo, o el cual puede ser tocado en *staccato* (ahogando el acorde con la mano con que presionas el diapasón) para crear un ritmo sincopado.

Eb

1 Ebmaj7 (Eb△, Ebmajor7, EbM7)

1 - 3 - 5 - 7
Eb - G - Bb - D

2 Ebmaj7 (Eb△, Ebmajor7, EbM7)

1 - 3 - 5 - 7
Eb - G - Bb - D

3 Ebmaj7 (Eb△, Ebmajor7, EbM7)

1 - 3 - 5 - 7
Eb - G - Bb - D

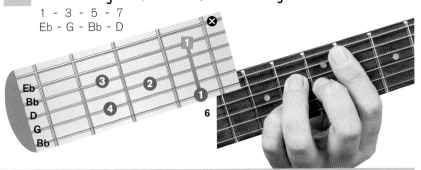

Eb

4 Ebmaj7 (Eb△, Ebmajor7, EbM7)

1 - 3 - 5 - 7
Eb - G - Bb - D

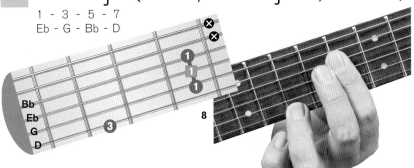

5 Ebmaj7 (Eb△, Ebmajor7, EbM7)

1 - 3 - 5 - 7
Eb - G - Bb - D

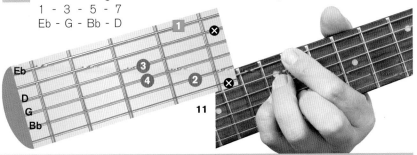

MI BEMOL MAYOR O RE SOSTENIDO MAYOR (Eb / D#)

Ebsus (Mi bemol suspendido)

Ambas variaciones del acorde suspendido (sus2 y sus4) y su acorde mayor afín se usan con frecuencia dentro de la misma secuencia de acordes (como por ejemplo: Ebsus4 – Eb - Ebsus2) para crear un movimiento armónico sin cambio de tónica. Grandes riffs se han basado en esta idea, *Needles And Pins* de The Searchers y *Black Or White* de Michael Jackson son sólo dos ejemplos.

Eb

1 Ebsus2

1 - 2 - 5
Eb - F - Bb

2 Ebsus2

1 - 2 - 5
Eb - F - Bb

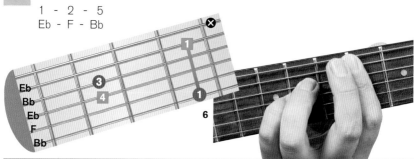

1 Ebsus4

1 - 4 - 5
Eb - Ab - Bb

2 Ebsus4

1 - 4 - 5
Eb - Ab - Bb

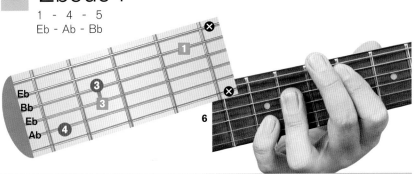

3 Ebsus4

1 - 4 - 5
Eb - Ab - Bb

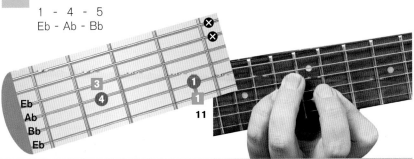

MI BEMOL MENOR O RE SOSTENIDO MENOR (EBM / D#m)

E bemol menor es el relativo menor de G bemol y comparten la misma armadura con seis bemoles. Ubicada en medio de las tonalidades menores más "amigables" de la guitarra, D menor y E menor, E bemol menor es usada pocas veces en la música de rock y pop; es mucho más común en el jazz, soul y funk. **5** Un acorde en registro alto con una cejilla sobre las seis cuerdas con un gran sonido y que se toca poco en arpegio.

Eb

1 Ebm (Ebmin, Ebminor, Eb–)

1 - b3 - 5
Eb - Gb - Bb

2 Ebm (Ebmin, Ebminor, Eb–)

1 - b3 - 5
Eb - Gb - Bb

3 Ebm (Ebmin, Ebminor, Eb−)

1 - b3 - 5
Eb - Gb - Bb

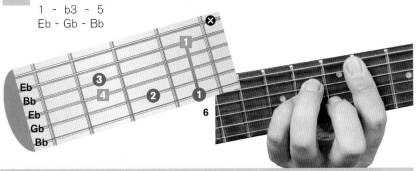

4 Ebm (Ebmin, Ebminor, Eb−)

1 - b3 - 5
Eb - Gb - Bb

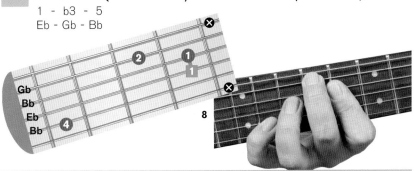

5 Ebm (Ebmin, Ebminor, Eb−)

1 - b3 - 5
Eb - Gb - Bb

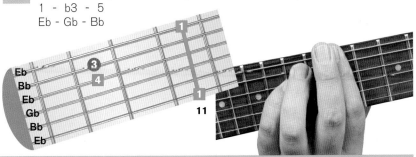

Eb

MI BEMOL MENOR O RE SOSTENIDO MENOR (EBM / D#m)

Añadiendo tanto una sexta mayor como una séptima menor, puedes cambiar la cualidad de un acorde básico menor significativamente. Un acorde de Ebm (Mi bemol menor) puro tiene un triste pero claro sonido; la sexta cambia el color del acorde tornándolo más siniestro, propio para música de una película de espionaje, mientras que la séptima menor le da una textura más viva, ligera y jazzista.

Eb

1 Ebmin6 (Ebminor6, Ebm6, Eb−6)

1 - b3 - 5 - 6
Eb - Gb - Bb - C

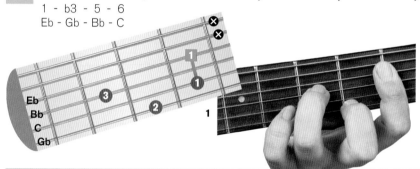

2 Ebmin6 (Ebminor6, Ebm6, Em−6)

1 - b3 - 5 - 6
Eb - Gb - Bb - C

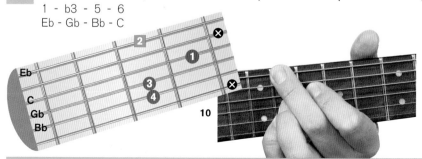

1 Ebmin7 (Ebminor7, Ebm7, Eb−7)

1 - b3 - 5 - b7
Eb - Gb - Bb - Db

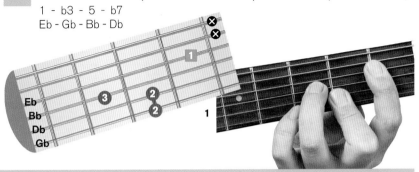

2 Ebmin7 (Ebminor7, Ebm7, Eb−7)

1 - b3 - 5 - b7
Eb - Gb - Bb - Db

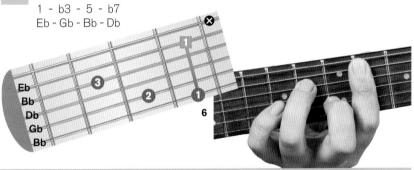

3 Ebmin7 (Ebminor7, Ebm7, Eb−7)

1 - b3 - 5 - b7
Eb - Gb - Bb - Db

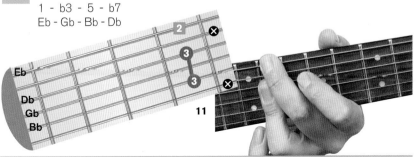

Eb

MI BEMOL SIETE O RE SOSTENIDO SIETE (Eb7 / D#7)

El acorde de dominante siete en su forma simple es básicamente una triada mayor más una séptima menor. Sin embargo, el acorde de dominante siete realiza una función diferente; no es un acorde estático (excepto en las progresiones de blues), sino un acorde de movimiento y cambio que puede resolver tanto a un acorde mayor como a uno menor que tenga su tónica una cuarta justa arriba. En términos de música clásica, sería la tradicional 'cadencia perfecta'.

Eb

1 Eb7 (Ebdom7)

1 - 3 - 5 - b7
Eb - G - Bb - Db

2 Eb7 (Ebdom7)

1 - 3 - 5 - b7
Eb - G - Bb - Db

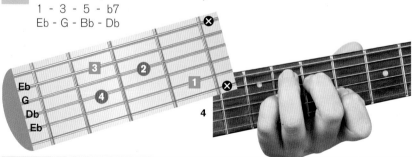

3 Eb7 (Ebdom7)

1 - 3 - 5 - b7
Eb - G - Bb - Db

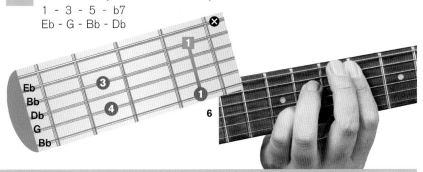

4 Eb7 (Ebdom7)

1 - 3 - 5 - b7
Eb - G - Bb - Db

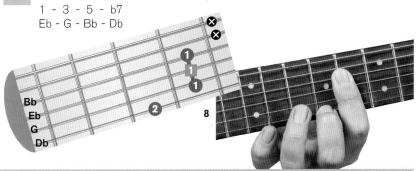

5 Eb7 (Ebdom7)

1 - 3 - 5 - b7
Eb - G - Bb - Db

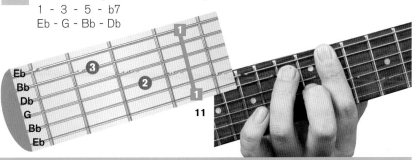

MI BEMOL SIETE O RE SOSTENIDO SIETE (Eb7 / D#7)

El acorde Eb7#5 posee un sonido muy oscuro, perfecta para intensificar una progresión V (Eb7#5) – I (Ab). También puede ser usada como un acorde cromático de paso para crear una armonía contemporánea jazzista paralela. La cuarta suspendida en algunas ocasiones se agregan al acorde dominante siete para crear movimiento adicional dentro de una progresión V-1 (por ejemplo, Eb7sus-Eb7-Ab).

Eb

1 Eb7#5 (Eb7aug, Eb7+)

1 - 3 - #5 - b7
Eb - G - B - Db

2 Eb7#5 (Eb7aug, Eb7+)

1 - 3 - #5 - b7
Eb - G - B - Db

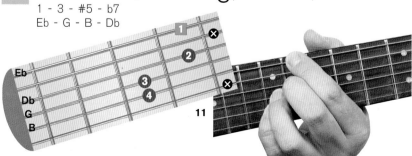

1 Eb7sus (Eb7sus4)

1 - 4 - 5 - b7
Eb - Ab - Bb - Db

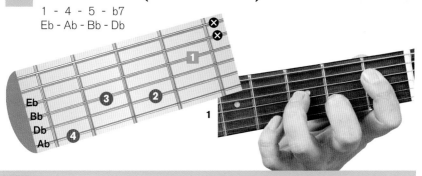

2 Eb7sus (Eb7sus4)

1 - 4 - 5 - b7
Eb - Ab - Bb - Db

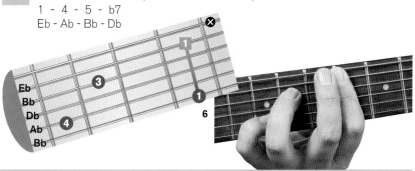

3 Eb7sus (Eb7sus4)

1 - 4 - 5 - b7
Eb - Ab - Bb - Db

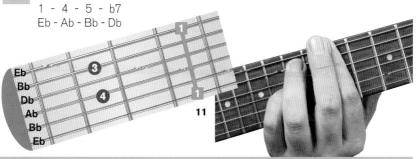

MI BEMOL SIETE O RE SOSTENIDO SIETE (Eb7 / D#7)

El acorde de dominante siete con frecuencia es coloreado con intervalos tales como las novenas o las trecenas. **Eb7b9** Una acorde oscuro usando las cuatro cuerdas centrales y 'muteando' la primera y sexta cuerdas; resuelve perfecto a Ab o Abmaj7. **Eb13: 1** Un acorde dominante trece en inversión sin su quinta, sin su novena y con la séptima menor (D bemol) como nota más grave.

Eb

Eb9 (Ebdom9)

1 - 3 - 5 - b7 - 9
Eb - G - Bb - Db - F

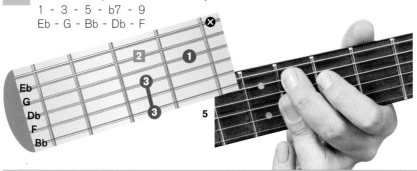

Eb7#9

1 - 3 - 5 - b7 - #9
Eb - G - Bb - Db - F#

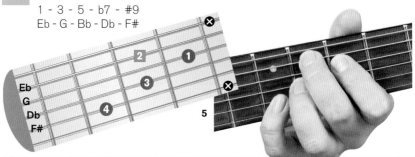

Eb7b9

1 - 3 - 5 - b7 - b9
Eb - G - Bb - Db - Fb

Eb

1 Eb13

1 - 3 - 5 - b7 - 9 - 13
Eb - G - Bb - Db - F - C

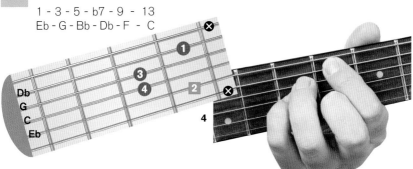

2 Eb13

1 - 3 - 5 - b7 - 9 - 13
Eb - G - Bb - Db - F - C

MI MAYOR (E)

E mayor es la tonalidad "amigable" por excelencia de la guitarra. La nota más grave en la guitarra es E y también la posición abierta de acorde más grave que se puede usar en la guitarra es E mayor. Grandiosos riffs de guitarra han pasado por las notas de esta posición abierta de acorde. La "blusera" intro de *Hey Joe* de Jimi Hendrix y *Shakin' All Over* de Johnny Kidd And The Pirates son sólo dos ejemplos. **1** Uno de los acordes más resonantes en la guitarra: la posición abierta de E mayor sobre las seis cuerdas.

E

1 E (Emaj, Emajor, EM)

1 - 3 - 5
E - G# - B

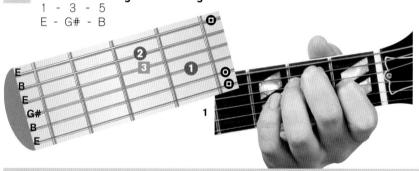

2 E (Emaj, Emajor, EM)

1 - 3 - 5
E - G# - B

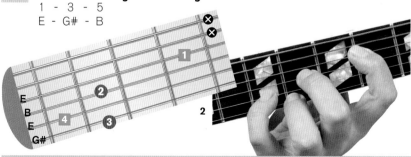

3 E (Emaj, Emajor, EM)
1 - 3 - 5
E - G# - B

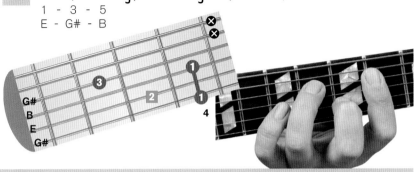

4 E (Emaj, Emajor, EM)
1 - 3 - 5
E - G# - B

E

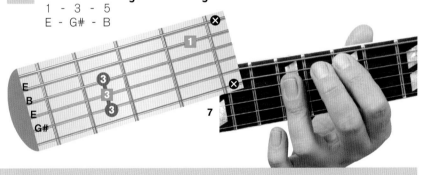

5 E (Emaj, Emajor, EM)
1 - 3 - 5
E - G# - B

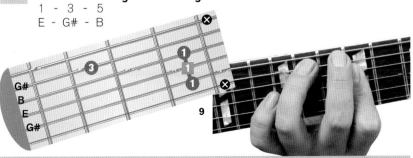

MI MAYOR (E)

Es un acorde de final que ha sido usado por todos, pero el acorde seis puede ser usado como sustituto para un acorde básico mayor. **1** Un acorde abierto resonante que usa las seis cuerdas con su tónica triplicada (E) perfecto para finales. **3** Cálida y jazzista posición que usa las cuatro cuerdas centrales con las cuerdas primera y sexta muteadas.

E

1 E6 (Emaj6, Emajor6, EM6)

1 - 3 - 5 - 6
E - G# - B - C#

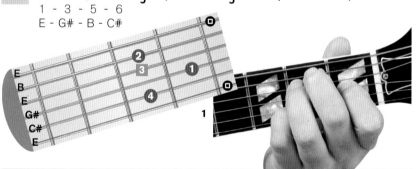

2 E6 (Emaj6, Emajor6, EM6)

1 - 3 - 5 - 6
E - G# - B - C#

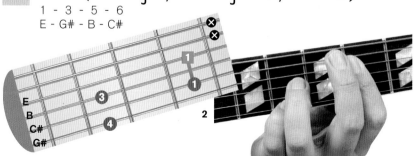

3 E6 (Emaj6, Emajor6, EM6)

1 - 3 - 5 - 6
E - G# - B - C#

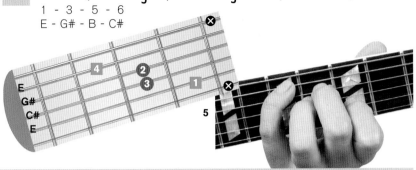

4 E6 (Emaj6, Emajor6, EM6)

1 - 3 - 5 - 6
E - G# - B - C#

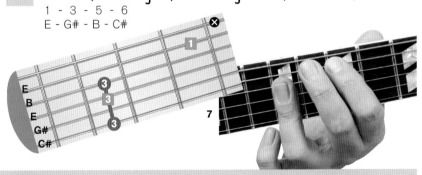

5 E6 (Emaj6, Emajor6, EM6)

1 - 3 - 5 - 6
E - G# - B - C#

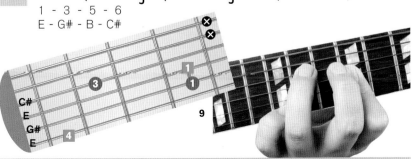

E

MI MAYOR (E)

A pesar de ser un acorde típico del jazz, el acorde mayor siete también destaca en muchas canciones de rock. **1** Un acorde E mayor siete con gran sonido propio de E mayor, usando las seis cuerdas. **3** Dale más profundidad a esta dulce posición que usa las primeras cinco cuerdas, agregando el E de la sexta cuerda al aire.

E

1 Emaj7 (E△, Emajor7, EM7)

1 - 3 - 5 - 7
E - G# - B - D#

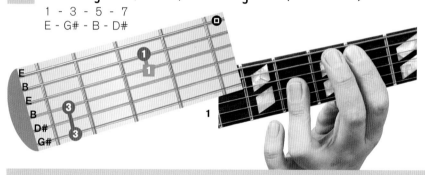

2 Emaj7 (E△, Emajor7, EM7)

1 - 3 - 5 - 7
E - G# - B - D#

3 Emaj7 (E△, Emajor7, EM7)

1 - 3 - 5 - 7
E - G# - B - D#

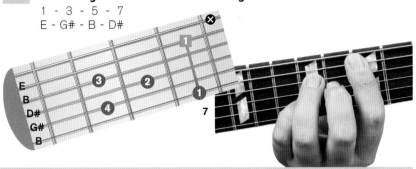

4 Emaj7 (E△, Emajor7, EM7)

1 - 3 - 5 - 7
E - G# - B - D#

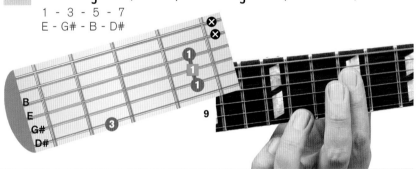

E

5 Emaj7 (E△, Emajor7, EM7)

1 - 3 - 5 - 7
E - G# - B - D#

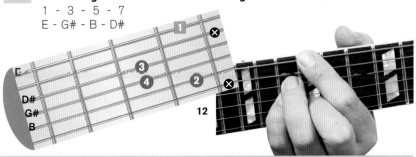

MI MAYOR (E)
Esus (E suspendido)

Los acordes suspendidos pueden ser usados para darle mayor interés a una progresión de acordes o a un vamp, y funciona bien cuando se usa en armonía con acordes del mismo tipo (ver página 86-87). **Esus2: 2** Acorde transportable sus2 con cejilla sobre las cinco primeras cuerdas. **Esus4: 1** Un acorde abierto con un sonido completo, con su quinta (B) duplicada, y su tónica (E) triplicada.

E

1 Esus2
1 - 2 - 5
E - F# - B

2 Esus2
1 - 2 - 5
E - F# - B

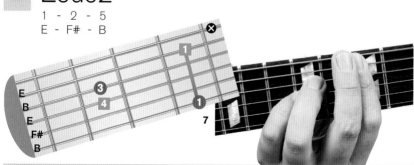

E

1 Esus4

1 - 4 - 5
E - A - B

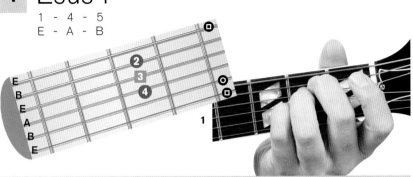

2 Esus4

1 - 4 - 5
E - A - B

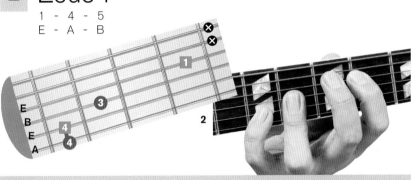

3 Esus4

1 - 4 - 5
E - A - B

MI MENOR (Em)

Relativo menor de G mayor, E menor es una tonalidad común en progresiones menores de blues y con frecuencia es usada por muchos guitarristas. **1** Acorde abierto completo con un gran sonido generado por su quinta (B) duplicada y su tónica (E) triplicada. **4** Un acorde con un sonido más ligero, con cejilla sobre las primeras cinco cuerdas sobre el séptimo traste; la sexta cuerda al aire (E) se puede incluir para darle una mayor profundidad.

E

1 Em (Emin, Eminor, E–)

1 - b3 - 5
E - G - B

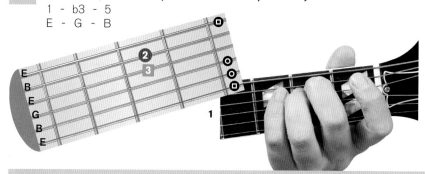

2 Em (Emin, Eminor, E–)

1 - b3 - 5
E - G - B

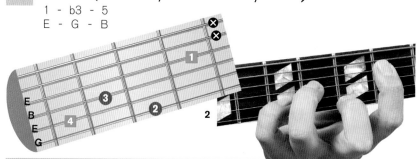

3 Em (Emin, Eminor, E–)

1 - b3 - 5
E - G - B

4 Em (Emin, Eminor, E–)

1 - b3 - 5
E - G - B

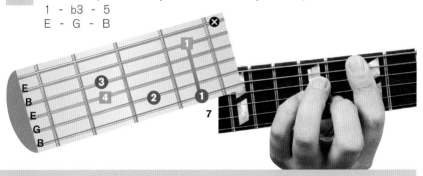

E

5 Em (Emin, Eminor, E–)

1 - b3 - 5
E - G - B

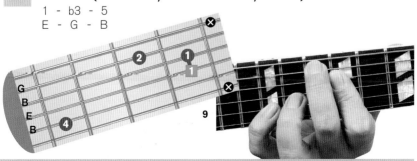

MI MENOR (Em)

El acorde menor seis se puede usar como acorde sustituto para un acorde básico menor; por su parte, el acorde menor siete es bueno para crear rítmicos acordes funky. **Emin6: 1** Un acorde menor seis abierto, resonante y con un sonido completo. **Emin7: 3** Una posición en inversión, con registro alto y con su quinta (B) como nota más grave.

E

1 Emin6 (Eminor6, Em6, E–6)

1 - b3 - 5 - 6
E - G - B - C#

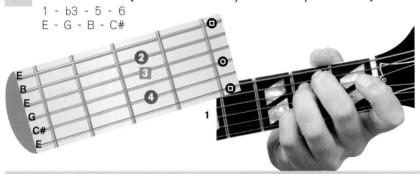

2 Emin6 (Eminor6, Em6, E–6)

1 - b3 - 5 - 6
E - G - B - C#

1 Emin7 (Eminor7, Em7, E−7)

1 - b3 - 5 - b7
E - G - B - D

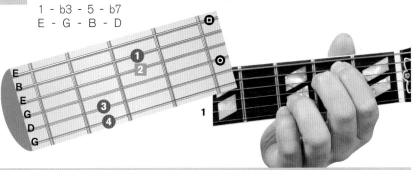

2 Emin7 (Eminor7, Em7, E−7)

1 - b3 - 5 - b7
E - G - B - D

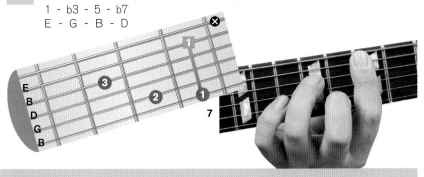

E

3 Emin7 (Eminor7, Em7, E−7)

1 - b3 - 5 - b7
E - G - B - D

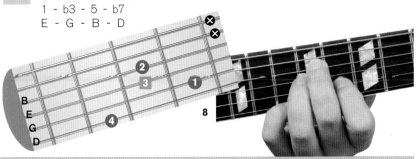

MI SIETE (E7)

Estos cinco acordes son esenciales para cualquier guitarrista de blues. **1** Esta es la posición "madre" de todos los acordes de dominante siete. Esta posición abierta de E7 (E siete) tiene su séptima duplicada (D) para un sonido más penetrante. **5** Esta estrecha posición de E7 (E siete) que abarca las cuatro primeras cuerdas es grandiosa para ritmos funky, y se puede ahogar fácilmente su sonido liberando la presión de la mano que esta sobre los trastes.

E

1 E7 (Edom7)

1 - 3 - 5 - b7
E - G# - B - D

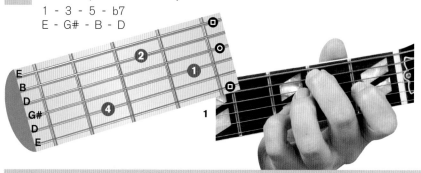

2 E7 (Edom7)

1 - 3 - 5 - b7
E - G# - B - D

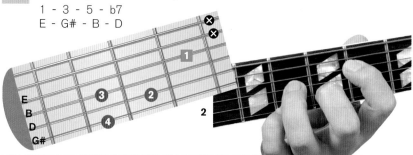

3 E7 (Edom7)

1 - 3 - 5 - b7
E - G# - B - D

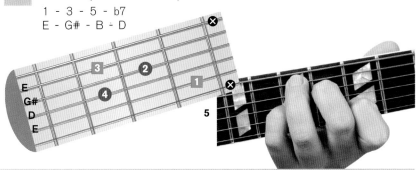

4 E7 (Edom7)

1 - 3 - 5 - b7
E - G# - B - D

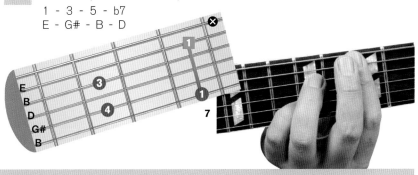

5 E7 (Edom7)

1 - 3 - 5 - b7
E - G# - B - D

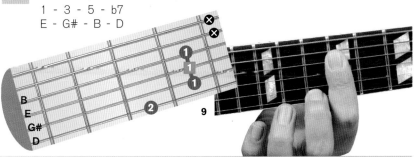

MI SIETE (E7)

Al igual que el acorde C7#5, E7#5 es un acorde dominante siete que crea tensión y se usan con mayor frecuencia dentro de una cadencia perfecta, es decir, cuando un acorde de V grado resuelve al I grado o tónica. **E7#5: 2** Un acorde muy versátil que ocupa las cuatro primeras cuerdas; que se hizo famoso gracias a su uso en la introducción de la canción *No Particular Place To Go* de Chuck Berry. **E7sus: 1** Un acorde con un sonido muy completo y sonoro; con su tónica (E) y su quinta (B) duplicadas.

E

1 E7#5 (E7aug, E7+)

1 - 3 - #5 - b7
E - G# - B# - D

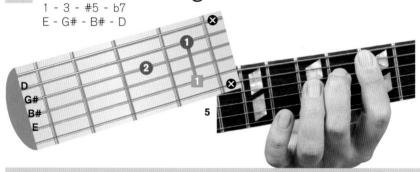

2 E7#5 (E7aug, E7+)

1 - 3 - #5 - b7
E - G# - B# - D

1 E7sus (E7sus4)

1 - 4 - 5 - b7
E - A - B - D

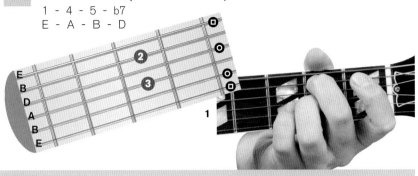

2 E7sus (E7sus4)

1 - 4 - 5 - b7
E - A - B - D

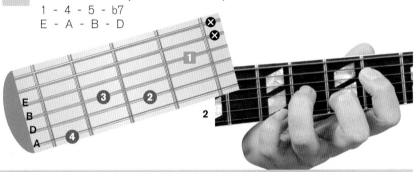

3 E7sus (E7sus4)

1 - 4 - 5 - b7
E - A - B - D

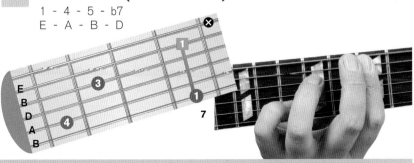

MI SIETE (E7)

Una selección de acordes de dominante siete con diferentes "colores de tensión" que se añaden para crear interés armónico. **E7#9** Esta posición, referida a menudo como "el acorde de Hendrix", es de hecho el primer acorde que usa Jimi en la canción *Purple Haze* en la parte del verso. **E13: 2** Un acorde de dominante trece muy funky, que usa las cinco primeras cuerdas y que también incluye su novena añadiéndole un color armónico extra.

E9 (Edom9)

1 - 3 - 5 - b7 - 9
E - G# - B - D - F#

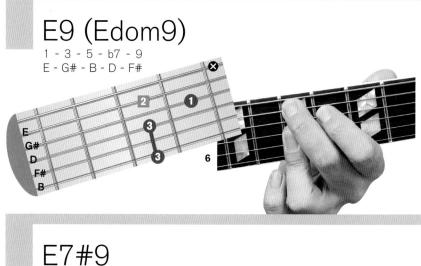

E7#9

1 - 3 - 5 - b7 - #9
E - G# - B - D - F##

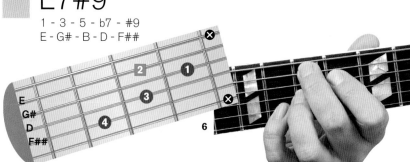

E

E7b9

1 - 3 - 5 - b7 - b9
E - G# - B - D - F

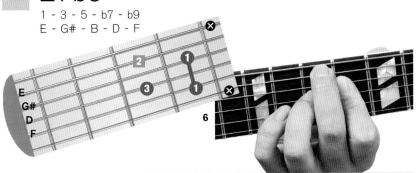

1 E13

1 - 3 - 5 - b7 - 9 - 13
E - G# - B - D - F# - C#

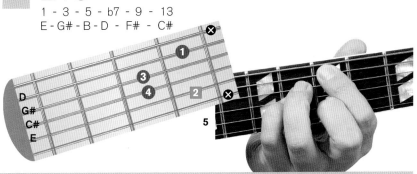

2 E13

1 - 3 - 5 - b7 - 9 - 13
E - G# - B - D - F# - C#

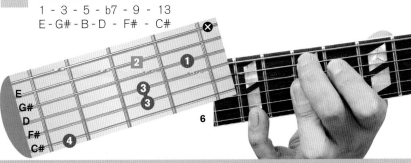

FA MAYOR (F)

Debido a que no hay muchas posiciones abiertas para este tono, F mayor no es una tonalidad particularmente "amigable" para la guitarra; es, sin embargo, regularmente usada ya que es una tonalidad popular para los cantantes y los ejecutantes de instrumentos de viento (por ejemplo, trompeta, saxofón). **1** La posición más baja sobre el diapasón, con cejilla sobre el primer traste y sobre las seis cuerdas que tiene un gran sonido pero que requiere una presión considerable de la mano sobre las cuerdas. **4** Otro acorde muy útil, esta posición ocupa las cuatro cuerdas centrales, frecuentemente usada por los guitarristas de rock.

F

1 F (Fmaj, Fmajor, FM)

1 - 3 - 5
F - A - C

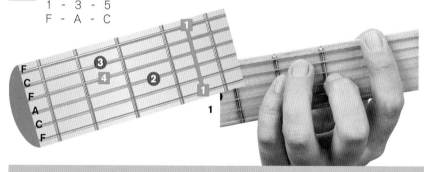

2 F (Fmaj, Fmajor, FM)

1 - 3 - 5
F - A - C

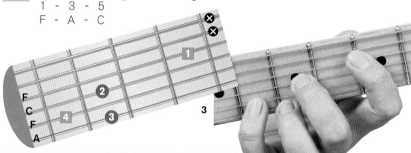

3 F (Fmaj, Fmajor, FM)

1 - 3 - 5
F - A - C

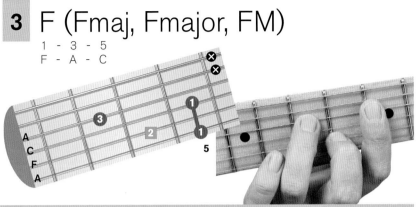

4 F (Fmaj, Fmajor, FM)

1 - 3 - 5
F - A - C

F

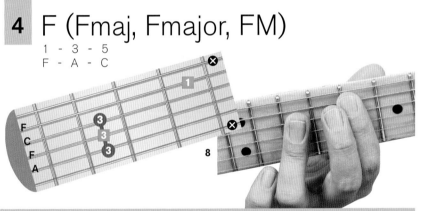

5 F (Fmaj, Fmajor, FM)

1 - 3 - 5
F - A - C

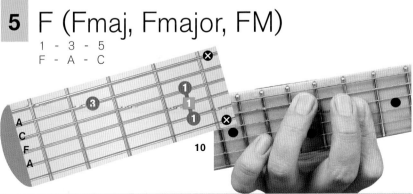

FA MAYOR (F)

El acorde seis, agrega una sexta mayor a la triada básica mayor, en consecuencia el cifrado armónico de este acorde es: 1-3-5-6. **1** Una posición con su tónica como nota más grave que usa las cuatro primeras cuerdas, ideal para una rítmica funky blues. **3** Un acorde suave y de jazz que ocupa sólo las cuatro cuerdas centrales.

F

1 F6 (Fmaj6, Fmajor6, FM6)

1 - 3 - 5 - 6
F - A - C - D

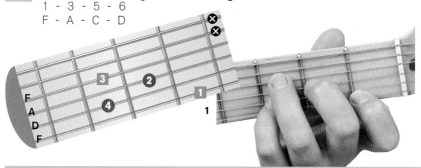

2 F6 (Fmaj6, Fmajor6, FM6)

1 - 3 - 5 - 6
F - A - C - D

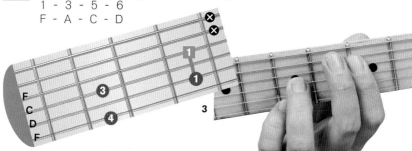

3 F6 (Fmaj6, Fmajor6, FM6)

1 - 3 - 5 - 6
F - A - C - D

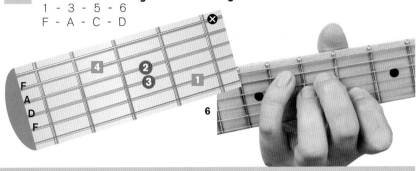

4 F6 (Fmaj6, Fmajor6, FM6)

1 - 3 - 5 - 6
F - A - C - D

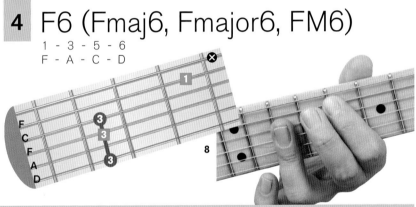

F

5 F6 (Fmaj6, Fmajor6, FM6)

1 - 3 - 5 - 6
F - A - C - D

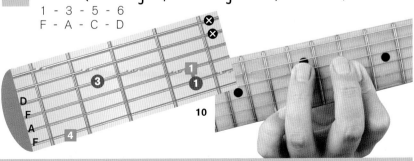

FA MAYOR (F)

El suave sonido del acorde mayor siete le da color a cualquier progresión. **1** Esta posición abierta con su séptima mayor como nota más alta, suena bien arpegiándola con plumilla. Aparece en la intro de la famosa canción *Stairway To Heaven* de Led Zeppelin **3** Una posición "cerrada" (posición fundamental) que ocupa las cinco primeras cuerdas con su tercera duplicada.

F

1 Fmaj7 (F△, Fmajor7, FM7)

1 - 3 - 5 - 7
F - A - C - E

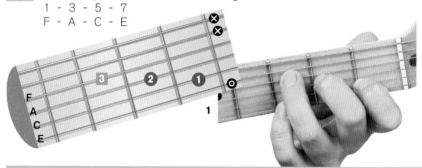

2 Fmaj7 (F△, Fmajor7, FM7)

1 - 3 - 5 - 7
F - A - C - E

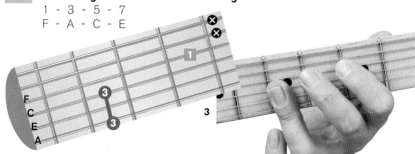

3 Fmaj7 (F△, Fmajor7, FM7)

1 - 3 - 5 - 7
F - A - C - E

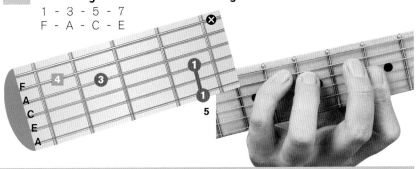

4 Fmaj7 (F△, Fmajor7, FM7)

1 - 3 - 5 - 7
F - A - C - E

F

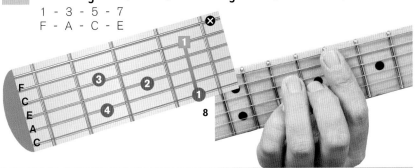

5 Fmaj7 (F△, Fmajor7, FM7)

1 - 3 - 5 - 7
F - A - C - E

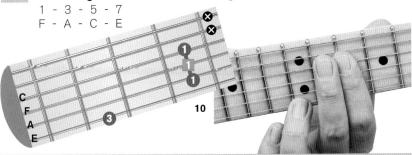

FA MAYOR (F)

Fsus (F suspendido)

Los acordes suspendidos pueden ser usados para crear ambigüedad armónica; carentes de tercera no son ni mayores ni menores. **Fsus2: 1** Una posición que usa las cuatro cuerdas centrales y que hace uso de la tercera cuerda al aire (G). **Fsus4: 1** Puedes crear un gran sonido con esta posición que ocupa las seis cuerdas con cejilla completa. Funciona bien resolviendo a F mayor (posición 1 en la página 104).

F

1 Fsus2
1 - 2 - 5
F - G - C

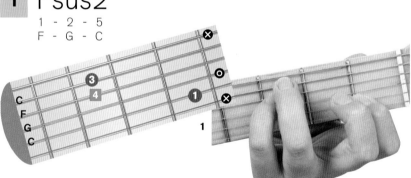

2 Fsus2
1 - 2 - 5
F - G - C

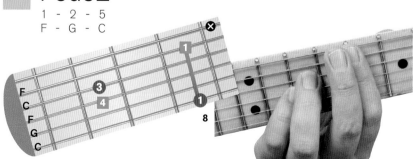

1 Fsus4

1 - 4 - 5
F - Bb - C

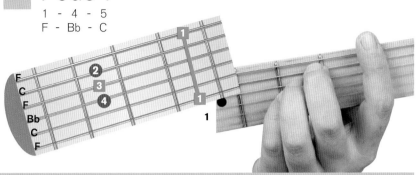

2 Fsus4

1 - 4 - 5
F - Bb - C

F

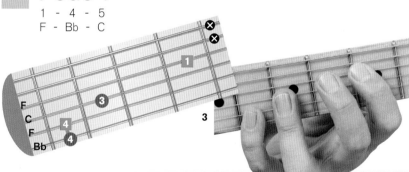

3 Fsus4

1 - 4 - 5
F - Bb - C

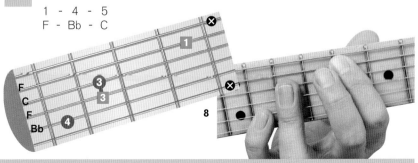

FA MENOR (Fm)

La tonalidad de F menor (la cual contiene cuatro bemoles) es el relativo menor de A bemol mayor y es más usual en el jazz y géneros relacionados con este, ya que es una buena tonalidad para las secciones de metales. **1** Un sonido completo se puede lograr con esta posición baja, que usa cejilla sobre las seis cuerdas, pero que necesita bastante fuerza de la mano que presiona las cuerdas. **5** Un acorde en inversión que usa sólo las cuatro cuerdas centrales y que tiene su tercera menor (A bemol) como nota más grave.

F

1 Fm (Fmin, Fminor, F−)

1 - b3 - 5
F - Ab - C

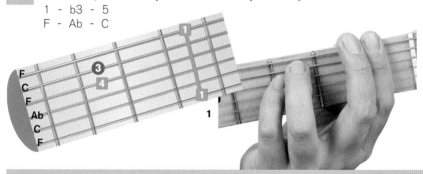

2 Fm (Fmin, Fminor, F−)

1 - b3 - 5
F - Ab - C

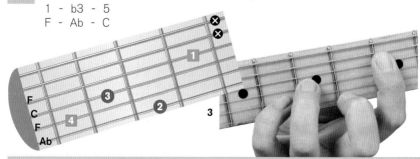

3 Fm (Fmin, Fminor, F—)

1 - b3 - 5
F - Ab - C

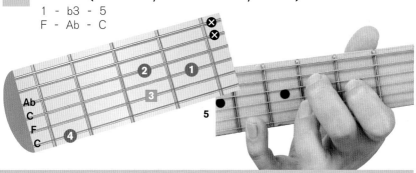

4 Fm (Fmin, Fminor, F—)

1 - b3 - 5
F - Ab - C

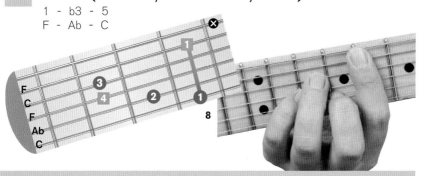

5 Fm (Fmin, Fminor, F—)

1 - b3 - 5
F - Ab - C

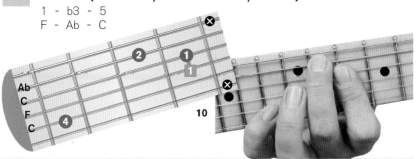

FA MENOR (Fm)

Agregar una sexta mayor o una séptima menor a una triada básica menor es una buena vía para darle al acorde un poco de color a lo que de otro modo puede ser un sonido plano. **Fmin6: 1** Este acorde en inversión que usa sólo las cuatro cuerdas centrales y que tiene su quinta (C) como nota más grave, tiene una calidad inquietante y siniestra. **Fmin7:3** Un acorde menor siete increíblemente versátil con su quinta (C) duplicada.

F

1 Fmin6 (Fminor6, Fm6, F–6)

1 - b3 - 5 - 6
F - Ab - C - D

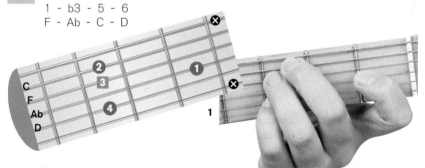

2 Fmin6 (Fminor6, Fm6, F–6)

1 - b3 - 5 - 6
F - Ab - C - D

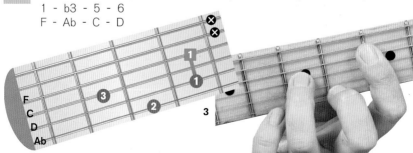

1 Fmin7 (Fminor7, Fm7, F–7)

1 - b3 - 5 - b7
F - Ab - C - Eb

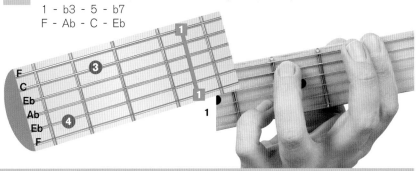

2 Fmin7 (Fminor7, Fm7, F–7)

1 - b3 - 5 - b7
F - Ab - C - Eb

F

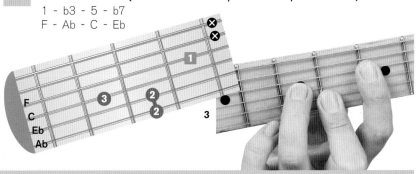

3 Fmin7 (Fminor7, Fm7, F–7)

1 - b3 - 5 - b7
F - Ab - C - Eb

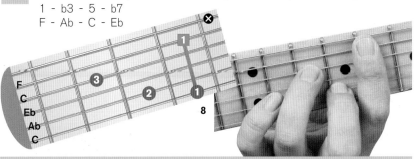

FA SIETE (F7)

El acorde dominante siete puede ser usado como un acorde está- tico (por ejemplo, el primer acorde de un blues), o como un acorde de resolución. F7 (F siete) puede resolver tanto a Bb (B bemol) mayor como a Bb (B bemol) menor. **1** Esta forma del acorde F7 que se ubica en la parte más baja del diapasón tiene un sonido amplio, pero requiere de gran fuerza de la mano que presiona las cuerdas. **3** Esta posición del acorde de dominante siete que ocupa las cua- tro cuerdas centrales, es una de las favoritas entre los guitarristas que usan la técnica de digitación con los dedos, quienes a menu- do la combinan con la quinta (C) que se ubica en la sexta cuerda traste ocho para crear una línea de bajo alterna.

F

1 F7 (Fdom7)

1 - 3 - 5 - b7
F - A - C - Eb

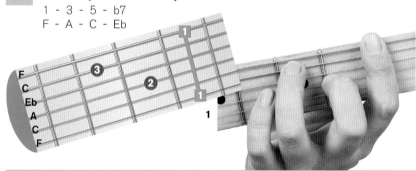

2 F7 (Fdom7)

1 - 3 - 5 - b7
F - A - C - Eb

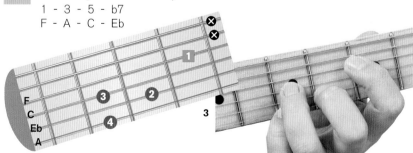

3 F7 (Fdom7)

1 - 3 - 5 - b7
F - A - C - Eb

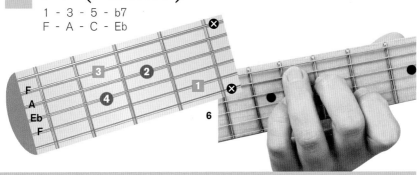

4 F7 (Fdom7)

1 - 3 - 5 - b7
F - A - C - Eb

F

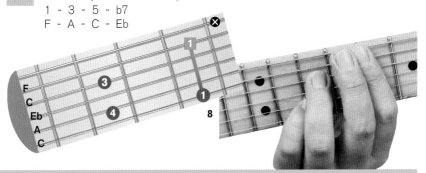

5 F7 (Fdom7)

1 - 3 - 5 - b7
F - A - C - Eb

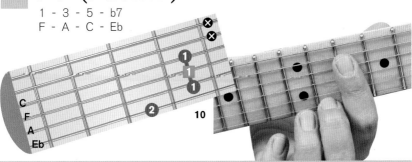

FA SIETE (F7)

El agregar una quinta aumentada a un acorde de dominante siete crea tensión y realza la caída o resolución al acorde de primer grado dentro de una cadencia perfecta. **F7#5: 2** Una posición en inversión con un sonido oscuro y sería con su séptima menor (E bemol) como nota más grave. **F7sus: 2** Este acorde en posición fundamental que usa las primeras cuatro cuerdas, tiene un registro alto y es ideal para ritmos sincopados (trata de ahogar el sonido liberando un poco la presión de la mano que está sobre el diapasón).

F

1 F7#5 (F7aug, F7+)

1 - 3 - #5 - b7
F - A - C# - Eb

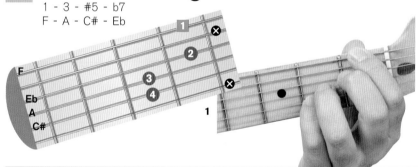

2 F7#5 (F7aug, F7+)

1 - 3 - #5 - b7
F - A - C# - Eb

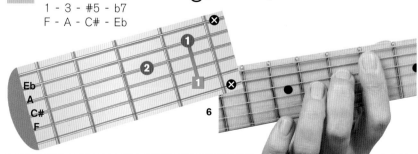

1 F7sus (F7sus4)

1 - 4 - 5 - b7
F - Bb - C - Eb

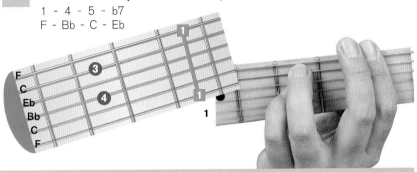

2 F7sus (F7sus4)

1 - 4 - 5 - b7
F - Bb - C - Eb

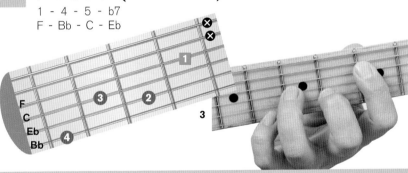

F

3 F7sus (F7sus4)

1 - 4 - 5 - b7
F - Bb - C - Eb

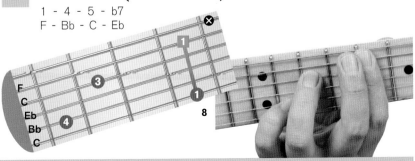

FA SIETE (F7)

La novena mayor puede crear un interés armónico adicional cuando se agrega a un acorde de dominante siete. Las novenas alteradas (#9/b9) crean tensión y realzan la resolución cuando se usan en una cadencia perfecta (V-I); los acordes dominante nueve frecuentemente se usan como acordes estáticos en vamp, en canciones blues o funk. El acorde de dominante con trecena, común en el jazz, es un acorde muy versátil y se usa en muchos géneros.

F

F9 (Fdom9)

1 - 3 - 5 - b7 - 9
F - A - C - Eb - G

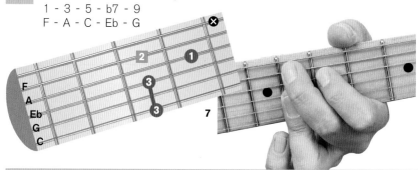

F7#9

1 - 3 - 5 - b7 - #9
F - A - C - Eb - G#

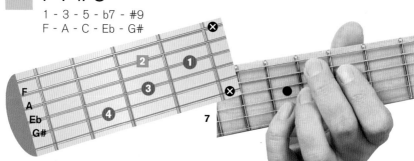

F7b9

1 - 3 - 5 - b7 - b9
F - A - C - Eb - Gb

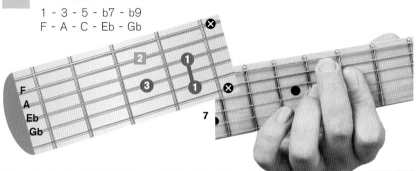

1 F13

1 - 3 - 5 - b7 - 9 - 13
F - A - C - Eb - G - D

F

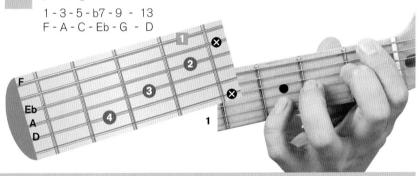

2 F13

1 - 3 - 5 - b7 - 9 - 13
F - A - C - Eb - G - D

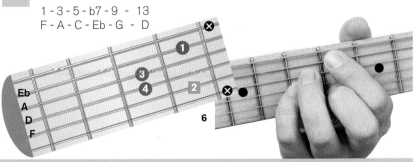

FA SOSTENIDO MAYOR O SOL BEMOL MAYOR (F# / Gb)

Una tonalidad poco obvia para la guitarra, con su carencia de posiciones abiertas (y con seis sostenidos en su armadura) F# es sin embargo una tonalidad popular dentro del género del rock debido al E de la sexta cuerda al aire, la cual puede ser incorporada en riffs. **1** Acorde con cejilla sobre las seis cuerdas con un sonido completo, el cual es ideal para ritmos rasgueados. **3** Acorde en inversión que ocupa las cuatro primeras cuerdas, con su tercera (A sostenido) como nota más grave; bueno para ritmos "ahogados", ya que puede ser apagado con facilidad.

F#

1 F# (F#maj, F#major, F#M)

1 - 3 - 5
F# - A# - C#

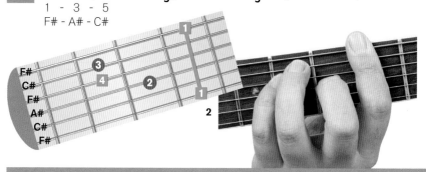

2 F# (F#maj, F#major, F#M)

1 - 3 - 5
F# - A# - C#

3 F# (F#maj, F#major, F#M)
1 - 3 - 5
F# - A# - C#

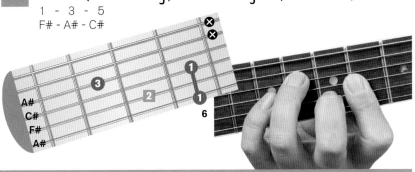

4 F# (F#maj, F#major, F#M)
1 - 3 - 5
F# - A# - C#

F#

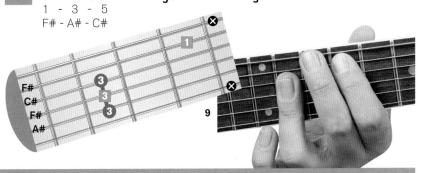

5 F# (F#maj, F#major, F#M)
1 - 3 - 5
F# - A# - C#

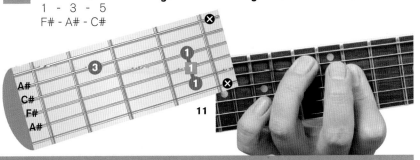

FA SOSTENIDO MAYOR O SOL BEMOL MAYOR (F# / Gb)

Este acorde es un buen sustituto para una acorde básico mayor, ya que el intervalo entre la sexta y la tónica no "choca" (no como el intervalo entre la séptima mayor y la tónica en un acorde mayor siete). **1** Un acorde con registro alto brillante y con cuerpo que es bueno para "comps (acompañamiento rítmico, melódico y armónico) ahogados" en soul y funk. **4** Un acorde con un sonido completo que usa las primeras cinco cuerdas y que lo hace ideal para un acorde final.

F#

1 F#6 (F#maj6, F#major6, F#M6)

1 - 3 - 5 - 6
F# - A# - C# - D#

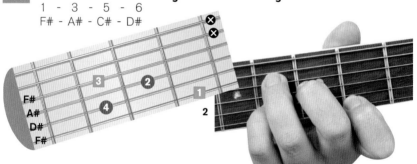

2 F#6 (F#maj6, F#major6, F#M6)

1 - 3 - 5 - 6
F# - A# - C# - D#

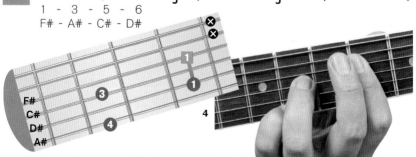

3 F#6 (F#maj6, F#major6, F#M6)
1 - 3 - 5 - 6
F# - A# - C# - D#

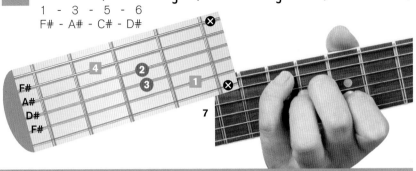

4 F#6 (F#maj6, F#major6, F#M6)
1 - 3 - 5 - 6
F# - A# - C# - D#

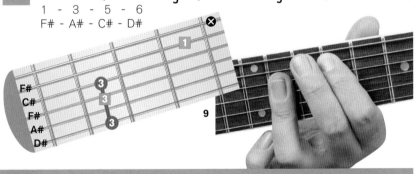

F#

5 F#6 (F#maj6, F#major6, F#M6)
1 - 3 - 5 - 6
F# - A# - C# - D#

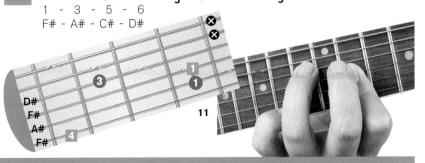

FA SOSTENIDO MAYOR O SOL BEMOL MAYOR (F# / Gb)

A pesar de que el acorde mayor siete a menudo es ignorado por los guitarristas de rock por sus connotaciones jazzísticas, este acorde brillante y con un sonido vivo en realidad funciona muy bien en el rock. **1** Un acorde sutil en posición cerrada o fundamental (estilo piano) que ocupa las cuatro primeras cuerdas. **5** Un acorde en inversión, brillante y con un registro alto con su quinta (C sostenido) como nota más grave.

F#

1 F#maj7 (F#△, F#major7, F#M7)

1 - 3 - 5 - 7
F# - A# - C# - E#

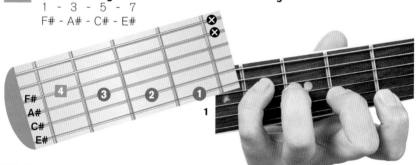

2 F#maj7 (F#△, F#major7, F#M7)

1 - 3 - 5 - 7
F# - A# - C# - E#

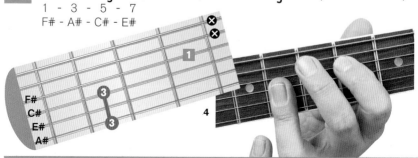

3 F#maj7 (F#△, F#major7, F#M7)

1 - 3 - 5 - 7
F# - A# - C# - E#

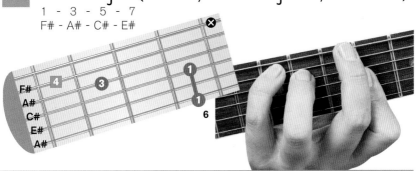

4 F#maj7 (F#△, F#major7, F#M7)

1 - 3 - 5 - 7
F# - A# - C# - E#

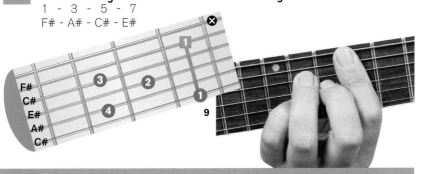

F#

5 F#maj7 (F#△, F#major7, F#M7)

1 - 3 - 5 - 7
F# - A# - C# - E#

FA SOSTENIDO MAYOR O SOL BEMOL MAYOR (F# / Gb)

F#sus (F sostenido suspendido)

El acorde suspendido "suspende" temporalmente la tercera del acorde reemplazándola con la segunda o la cuarta; éste después puede resolver volviendo al acorde mayor, o simplemente puede permanecer suspendido para intensificar la tensión armónica. **F#sus2: 1** Un acorde brillante y percusivo que usa las cuatro primeras cuerdas ideal para rítmicas firmes. **F#sus4: 2** Un acorde ideal para permanecer estático en 'vamp' cuando se acompaña con F# (F sostenido mayor), forma 2 de la página 122.

F#

1 F#sus2

1 - 2 - 5
F# - G# - C#

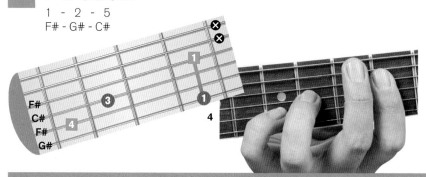

2 F#sus2

1 - 2 - 5
F# - G# - C#

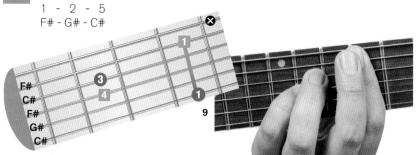

1 F#sus4
1 - 4 - 5
F# - B - C#

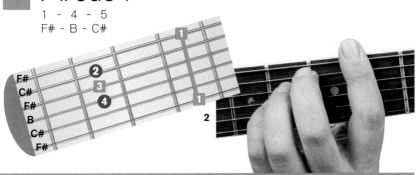

2 F#sus4
1 - 4 - 5
F# - B - C#

F#

3 F#sus4
1 - 4 - 5
F# - B - C#

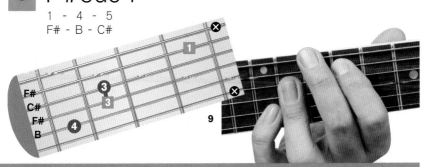

FA SOSTENIDO MENOR O SOL BEMOL MENOR (F#m / Gbm)

Siendo el relativo menor de A mayor, los acordes de F# menor (F sostenido menor) se presentan en muchas canciones. No hay formas (posiciones) de acordes abiertas para este tono, así que estas cinco posiciones son esenciales dentro de tu repertorio de acordes. **1** Un sonido grande y completo se puede lograr con esta posición que usa cejilla sobre las seis cuerdas, pero requiere mucha fuerza de la mano que presiona las cuerdas. **4** Una posición más cómoda, requiere una cejilla sobre las cinco primeras cuerdas; es fácil de tocar y es útil para tocar ritmos percusivos.

F#

1 F#m (F#min, F#minor, F#-)

1 - b3 - 5
F# - A - C#

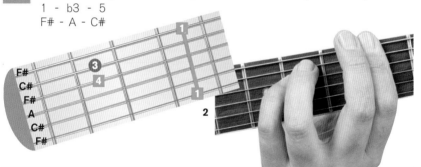

2 F#m (F#min, F#minor, F#-)

1 - b3 - 5
F# - A - C#

3 F#m (F#min, F#minor, F#-)

1 - b3 - 5
F# - A - C#

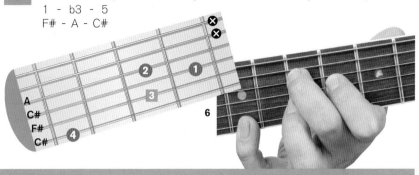

4 F#m (F#min, F#minor, F#-)

1 - b3 - 5
F# - A - C#

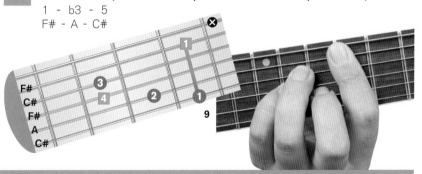

F#

5 F#m (F#min, F#minor, F#-)

1 - b3 - 5
F# - A - C#

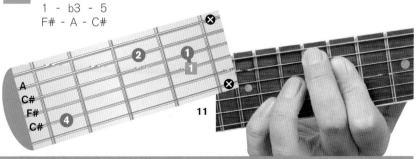

FA SOSTENIDO MENOR O SOL BEMOL MENOR (F#m / Gbm)

Experimentar con voces extras aplicando sextas mayores o séptimas menores a un acorde básico menor te ayudará a crear acompañamientos más estimulantes y emocionantes. **F#min6: 1** Un acorde en inversión oscuro y evocativo que ocupa las cuatro cuerdas centrales con la primera y sexta cuerdas 'muteadas' (no se tocan). **F#min7: 2** Acorde ligero, vivo y con un registro alto, que usa las cuatro primeras cuerdas.

F#

1 F#min6 (F#minor6, F#m6, F#-6)

1 - b3 - 5 - 6
F# - A - C# - D#

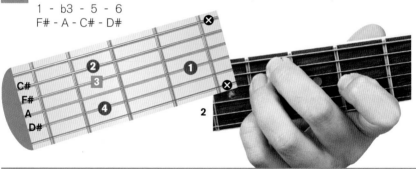

2

1 - b3 - 5 - 6
F# - A - C# - D#

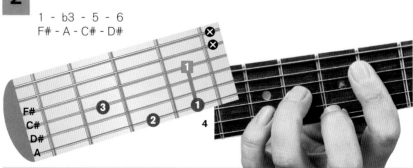

1 F#min7 (F#minor7, F#m7, F#-7)

1 - b3 - 5 - b7
F# - A - C# - E

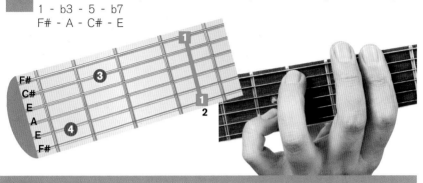

2 F#min7 (F#minor7, F#m7, F#-7)

1 - b3 - 5 - b7
F# - A - C# - E

F#

3 F#min7 (F#minor7, F#m7, F#-7)

1 - b3 - 5 - b7
F# - A - C# - E

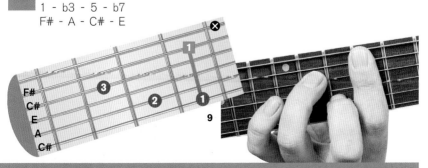

FA SOSTENIDO SIETE O SOL BEMOL SIETE (F#7 / Gb7)

El acorde dominante siete es el acorde más influyente de la música Western; formado en el quinto grado de la escala mayor y de la escala menor armónica, resuelve al primer grado; por ejemplo, F#7 (F sostenido siete) resuelve a B (B mayor) o Bm (B menor). Algunos compositores hábilmente manipulan esta resolución para crear movimiento armónico. **3** La clásica posición del acorde dominante siete (que se basa en la forma abierta del acorde C7) que usa las cuatro cuerdas centrales, con la tónica duplicada y la quinta omitida.

F#

1 F#7 (F#dom7)

1 - 3 - 5 - b7
F# - A# - C# - E

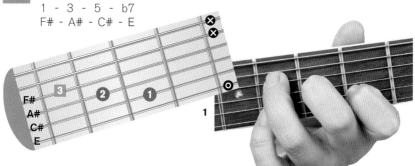

2 F#7 (F#dom7)

1 - 3 - 5 - b7
F# - A# - C# - E

3 F#7 (F#dom7)

1 - 3 - 5 - b7
F# - A# - C# - E

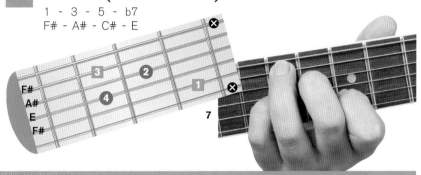

4 F#7 (F#dom7)

1 - 3 - 5 - b7
F# - A# - C# - E

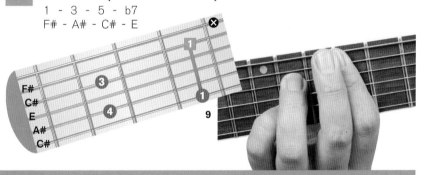

F#

5 F#7 (F#dom7)

1 - 3 - 5 - b7
F# - A# - C# - E

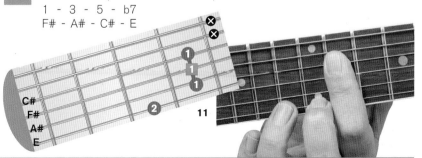

FA SOSTENIDO SIETE O SOL BEMOL SIETE (F#7 / Gb7)

Alterar ascendentemente (#) medio tono la quinta de un acorde dominante siete, da como resultado un acorde con un sonido más oscuro, el cual es usado con frecuencia para crear una tensión extra cuando se ocupa dentro de una progresión V(F#7) - I (B). Por otro lado, la cuarta suspendida crea un menor sentido de anticipación. **F#7#5: 1** Una posición muy jazzista que usa las cuerdas 2,3,4 y 6 con la primera y quinta cuerdas muteadas. **F#7sus: 3** Un acorde denso y funky, excelente para acompañamientos rítmicos cuando se combina con F#7, forma 4 en la página 135.

F#

1 F#7#5 (F#7aug, F#7+)

1 - 3 - #5 - b7
F# - A# - C## - E

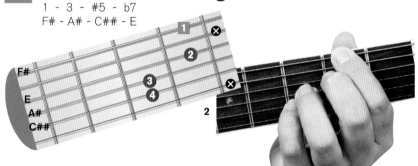

2 F#7#5 (F#7aug, F#7+)

1 - 3 - #5 - b7
F# - A# - C## - E

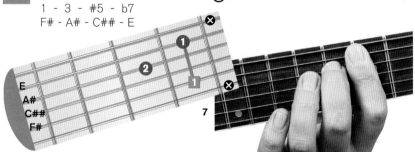

1 F#7sus (F#7sus4)

1 - 4 - 5 - b7
F# - B - C# - E

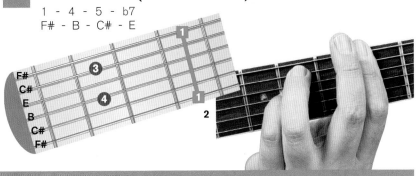

2 F#7sus (F#7sus4)

1 - 4 - 5 - b7
F# - B - C# - E

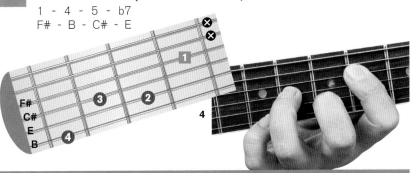

F#

3 F#7sus (F#7sus4)

1 - 4 - 5 - b7
F# - B - C# - E

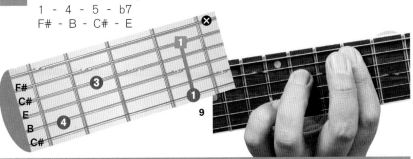

FA SOSTENIDO SIETE O SOL BEMOL SIETE (F#7 / Gb7)

Los acordes de dominante nueve le añaden un color extra al acorde dominante siete, esto es gracias a la novena mayor extra que presenta el acorde dominante siete. El acorde con trecena acumula un intervalo (o voz) más al acorde dominante nueve para convertirse en un acorde a seis partes (con seis notas). **F#9** Una posición que ocupa las cinco primeras cuerdas, con un registro alto perfecto para el género funk. **F#13: 1** Profundo y jazzístico acorde que usa las cuerdas 2,3,4 y 6 con las cuerdas 1 y 5 muteadas.

F#9 (F#dom9)

1 - 3 - 5 - b7 - 9
F# - A# - C# - E - G#

F#

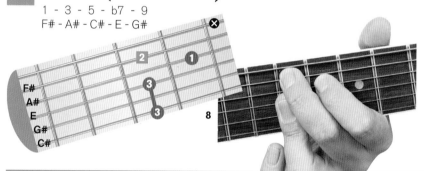

F#7#9

1 - 3 - 5 - b7 - #9
F# - A# - C# - E - G##

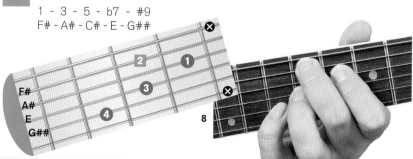

F#7b9

1 - 3 - 5 - b7 - b9
F# - A# - C# - E - G

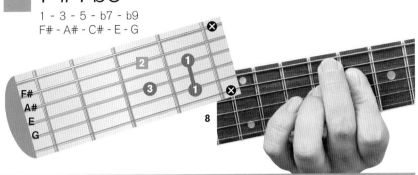

1 ## F#13

1 - 3 - 5 - b7 - 9 - 13
F# - A# - C# - E - G# - D#

F#

2 ## F#13

1 - 3 - 5 - b7 - 9 - 13
F# - A# - C# - E - G# - D#

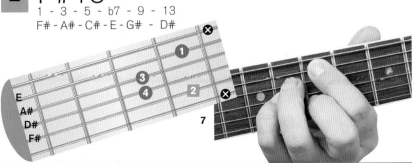

SOL MAYOR (G)

Cada tonalidad tiene sus propias características musicales concretas; Albert Lavignac describe en su famoso libro *Music and Musicians* (Música y Músicos), escrito en 1905, a G mayor como la tonalidad "campestre, alegre". Quizá esto explique por qué es una tonalidad tan popular dentro de la música folk y country. Los tres acordes principales de Sol mayor (G, C y D) se presentan en posiciones abiertas haciéndolos atractivos para los principiantes, compositores y guitarristas en general.

G

1 G (Gmaj, Gmajor, GM)
1 - 3 - 5
G - B - D

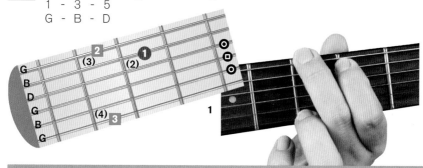

2 G (Gmaj, Gmajor, GM)
1 - 3 - 5
G - B - D

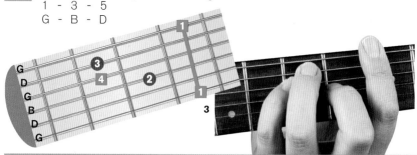

3 G (Gmaj, Gmajor, GM)

1 - 3 - 5
G - B - D

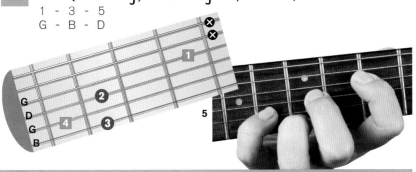

4 G (Gmaj, Gmajor, GM)

1 - 3 - 5
G - B - D

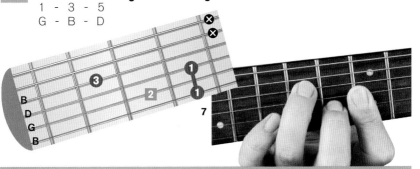

G

5 G (Gmaj, Gmajor, GM)

1 - 3 - 5
G - B - D

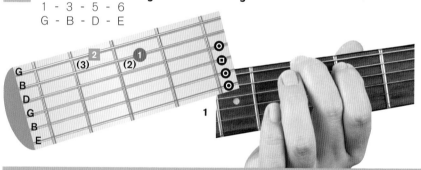

SOL MAYOR (G)

La sexta mayor con frecuencia se añade al acorde mayor para crear un interés armónico extra; la sexta es un intervalo que se puede utilizar en este acorde con seguridad, ya que armoniza bien con una nota tónica melódica; esto lo hace un acorde excelente para finales. **1** Este acorde resonante que usa las seis cuerdas, emplea cuatro cuerdas al aire. Perfecta para un gran final.

1 G6 (Gmaj6, Gmajor6, GM6)

1 - 3 - 5 - 6
G - B - D - E

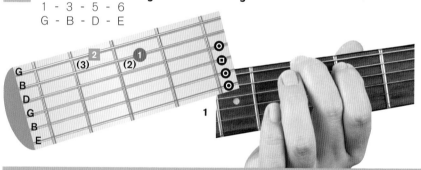

2 G6 (Gmaj6, Gmajor6, GM6)

1 - 3 - 5 - 6
G - B - D - E

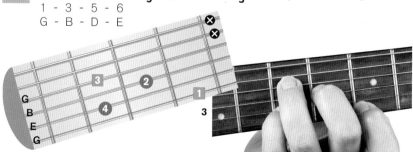

G

3 G6 (Gmaj6, Gmajor6, GM6)
1 - 3 - 5 - 6
G - B - D - E

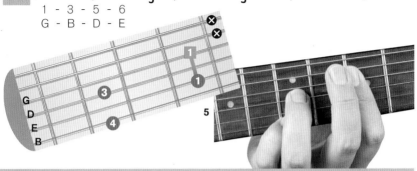

4 G6 (Gmaj6, Gmajor6, GM6)
1 - 3 - 5 - 6
G - B - D - E

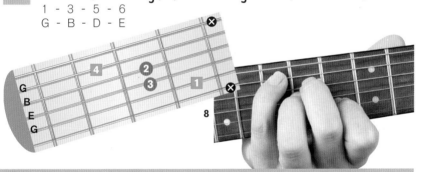

G

5 G6 (Gmaj6, Gmajor6, GM6)
1 - 3 - 5 - 6
G - B - D - E

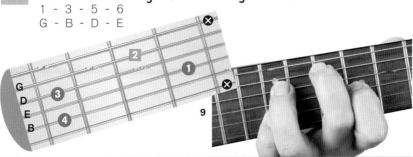

SOL MAYOR (G)

El cordial y jazzístico acorde mayor siete es indiscutiblemente uno de los favoritos de los guitarristas de jazz en todo el mundo; es usado también con frecuencia dentro de los principales géneros tales como pop, rock, funk y fusion, en donde incorpora profundidad y textura, particularmente cuando se usa como un acorde constante (por ejemplo, *Under The Bridge* de Red Hot Chili Pepper's) o como un acorde de vamp en funky (por ejemplo, *Lovely Day* de Bill Withers).

G

1 Gmaj7 (G△, Gmajor7, GM7)

1 - 3 - 5 - 7
G - B - D - F#

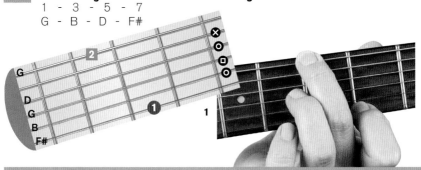

2 Gmaj7 (G△, Gmajor7, GM7)

1 - 3 - 5 - 7
G - B - D - F#

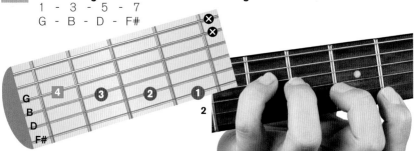

3 Gmaj7 (G△, Gmajor7, GM7)

1 - 3 - 5 - 7
G - B - D - F#

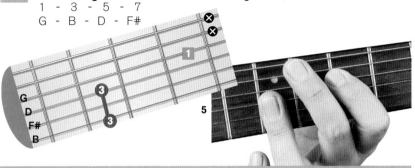

4 Gmaj7 (G△, Gmajor7, GM7)

1 - 3 - 5 - 7
G - B - D - F#

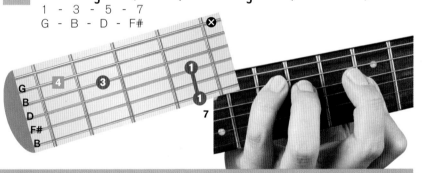

G

5 Gmaj7 (G△, Gmajor7, GM7)

1 - 3 - 5 - 7
G - B - D - F#

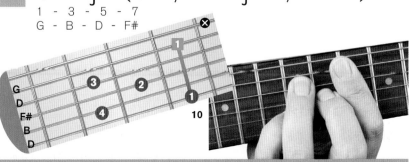

SOL MAYOR (G)
Gsus (G suspendido)

Los acordes suspendidos tradicionalmente se utilizan para "ocultar" la identidad de un acorde mayor. Esto crea una tensión que se resuelve cuando el acorde va hacia su similar acorde mayor. Sin embargo, en estilos más contemporáneos, el acorde suspendido (en especial el sus2) se usa como un acorde que no resuelve para crear ambigüedad armónica. **Gsus2: 2** Esta posición funciona bien cuando se continua con G (G mayor), posición 5 de la página 141.

1 ## Gsus2

1 - 2 - 5
G - A - D

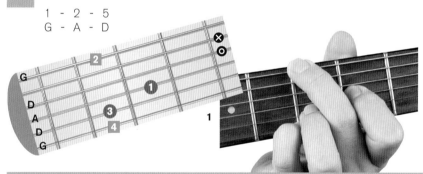

2 ## Gsus2

1 - 2 - 5
G - A - D

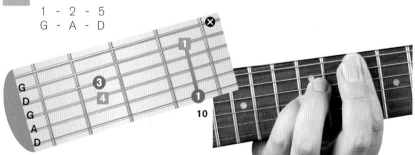

1 Gsus4

1 - 4 - 5
G - C - D

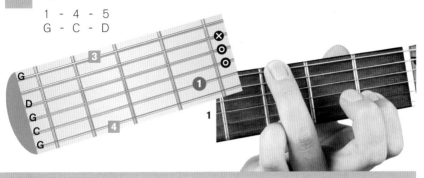

2 Gsus4

1 - 4 - 5
G - C - D

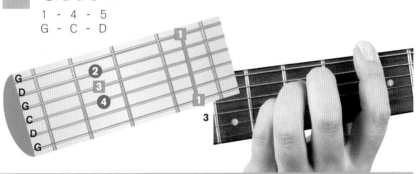

G

3 Gsus4

1 - 4 - 5
G - C - D

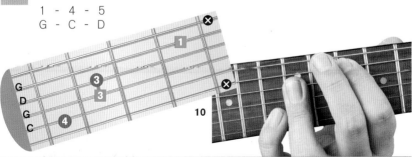

SOL MENOR (Gm)

Sol menor a menudo es descrita como la tonalidad más melancólica de las tonalidades menores; para los guitarristas, la total ausencia de posiciones abiertas para este tono podría sugerir que no es una posición muy "amigable". No obstante, siendo el relativo menor de Bb mayor (B bemol mayor) la hace una buena tonalidad para las secciones de metales, por lo tanto con frecuencia se ocupa en géneros que presentan estos instrumentos (jazz, latin, soul y funk).

1 ## Gm (Gmin, Gminor, G–)

1 - b3 - 5
G - Bb - D

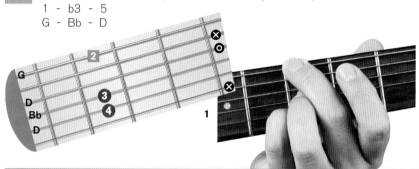

2 ## Gm (Gmin, Gminor, G–)

1 - b3 - 5
G - Bb - D

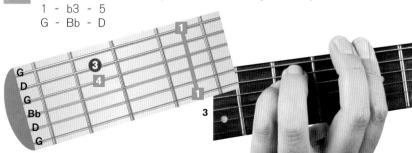

G

3 Gm (Gmin, Gminor, G−)

1 - b3 - 5
G - Bb - D

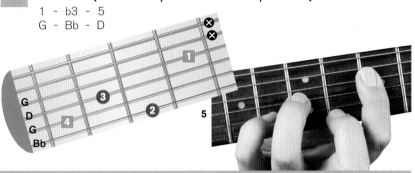

4 Gm (Gmin, Gminor, G−)

1 - b3 - 5
G - Bb - D

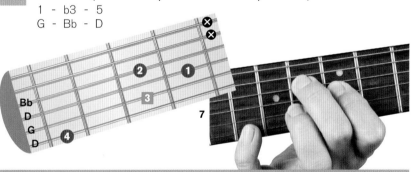

G

5 Gm (Gmin, Gminor, G−)

1 - b3 - 5
G - Bb - D

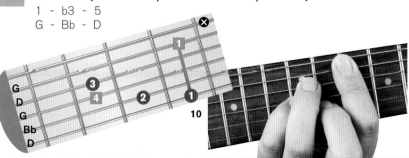

SOL MENOR (Gm)

El acorde menor seis posee un sonido mucho más oscuro que el de su pariente, el acorde menor básico; en contraste el acorde menor siete tiene una textura más ligera y viva que le da una cualidad más alegre y optimista. **Gmin6: 1** Una posición en registro bajo, con un sonido profundo y completo. **Gmin7: 1** Un acorde con sonido completo, que usa una cejilla sobre las seis cuerdas, ideal para rasgueos rítmicos.

G

1 Gmin6 (Gminor6, Gm6, G–6)

1 - b3 - 5 - 6
G - Bb - D - E

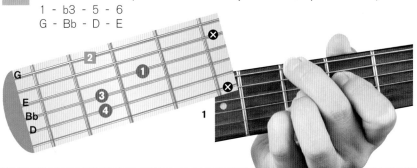

2 Gmin6 (Gminor6, Gm6, G–6)

1 - b3 - 5 - 6
G - Bb - D - E

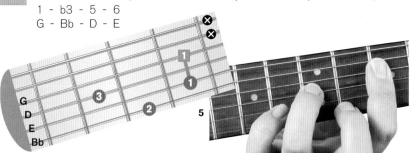

1 Gmin7 (Gminor7, Gm7, G–7)

1 - b3 - 5 - b7
G - Bb - D - F

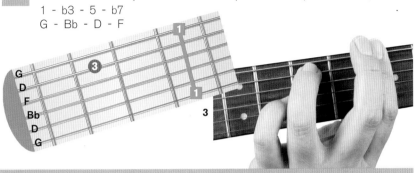

2 Gmin7 (Gminor7, Gm7, G–7)

1 - b3 - 5 - b7
G - Bb - D - F

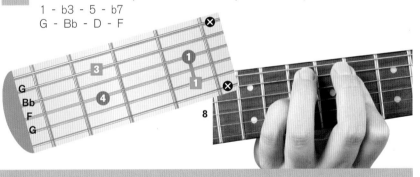

G

3 Gmin7 (Gminor7, Gm7, G–7)

1 - b3 - 5 - b7
G - Bb - D - F

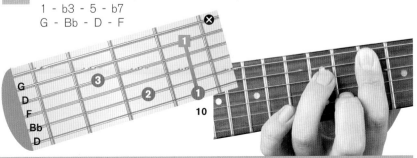

SOL SIETE (G7)

Los cantantes masculinos gustan de interpretar el blues en G; en consecuencia, muchas canciones famosas de blues han sido escritas en este tono. También es una buena tonalidad para guitarristas de blues que usan la técnica de arpegeo con los dedos, puesto que los tres acordes principales (G7, C7 y D7) son acordes que se pueden presentar en posiciones abiertas. **1** Una posición abierta que ocupa las seis cuerdas con una gran resonancia, magnifica para un cambio rápido hacia un acorde en posición abierta de C (C mayor) o C7 (C dominante siete).

1 G7 (Gdom7)

1 - 3 - 5 - b7
G - B - D - F

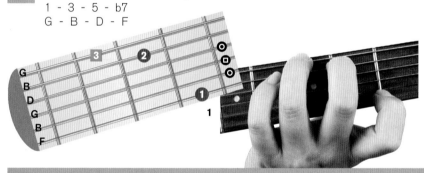

2 G7 (Gdom7)

1 - 3 - 5 - b7
G - B - D - F

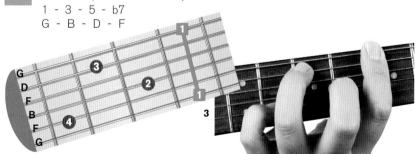

3 ## G7 (Gdom7)

1 - 3 - 5 - b7
G - B - D - F

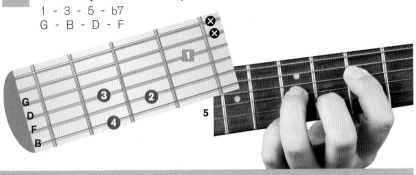

4 ## G7 (Gdom7)

1 - 3 - 5 - b7
G - B - D - F

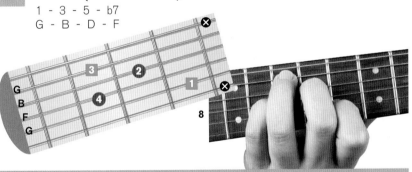

G

5 ## G7 (Gdom7)

1 - 3 - 5 - b7
G - B - D - F

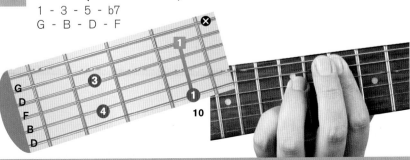

SOL SIETE (G7)

El acorde dominante siete con la quinta aumentada es el acorde fundamental para una cadencia perfecta (por ejemplo, G7#5 - C), pero no funciona muy bien como un acorde estático. Éste implica movimiento armónico. En contraste, el acorde dominante siete suspendido también sugiere movimiento, pero con menos dramatismo que el acorde dominante siete con quinta aumentada, y a menudo permanece sin resolver para crear un fondo armónico estático y ambiguo.

1 G7#5 (G7aug, G7+)

1 - 3 - #5 - b7
G - B - D# - F

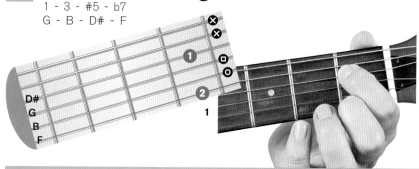

2 G7#5 (G7aug, G7+)

1 - 3 - #5 - b7
G - B - D# - F

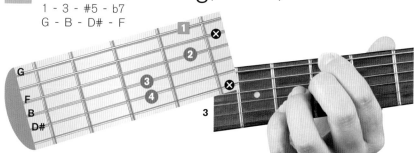

G

1 G7sus (G7sus4)

1 - 4 - 5 - b7
G - C - D - F

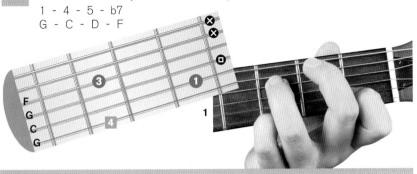

2 G7sus (G7sus4)

1 - 4 - 5 - b7
G - C - D - F

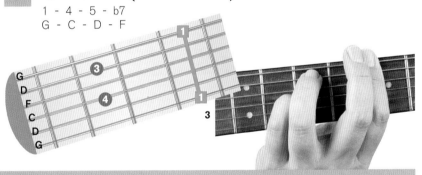

G

3 G7sus (G7sus4)

1 - 4 - 5 - b7
G - C - D - F

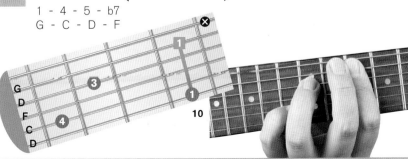

SOL SIETE (G7)

Esta "colorida" selección de acordes dominante siete no sólo se usan en el jazz, sino también se presentan en los principales géneros y pueden ser usados para darle un giro y una profundidad extra a lo que de otro modo pudiera ser una progresión de acordes predecibles. **G13: 1** Este gran y resonante acorde toma su completo sonido de las primeras dos cueras al aire que contrastan con la nota grave del bajo en la sexta cuerda.

G9 (Gdom9)

1 - 3 - 5 - b7 - 9
G - B - D - F - A

G7#9

1 - 3 - 5 - b7 - #9
G - B - D - F - A#

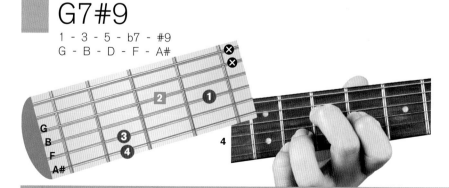

G7b9

1 - 3 - 5 - b7 - b9
G - B - D - F - Ab

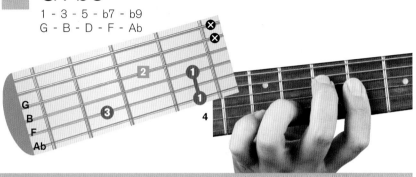

1 G13

1 - 3 - 5 - b7 - 9 - 13
G - B - D - F - A - E

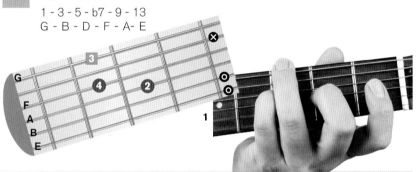

G

2 G13

1 - 3 - 5 - b7 - 9 - 13
G - B - D - F - A - E

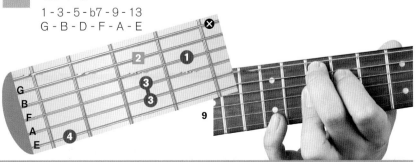

LA BEMOL MAYOR (Ab)

Desde la perspectiva de un guitarrista, Ab (A bemol) no tiene la resonancia que pudiera tener un acorde de E (E mayor), A (A mayor) o G (G mayor), debido a que solamente la séptima mayor de la escala (G), puede ser tocada al aire; en consecuencia, no hay formas de acordes en posición abierta para este tono. Sin embargo, no se debe considerar como una tonalidad inútil. El guitarrista profesional es igualmente hábil en cualquier tonalidad; escucha a el ex compañero de Steely Dan Larry Carlton como solista en un eficaz trabajo en el tema *Don't Give Up* en el tono de Ab (del álbum de 1987 *Last Nite*).

1 Ab (Abmaj, Abmajor, AbM)

1 - 3 - 5
Ab - C - Eb

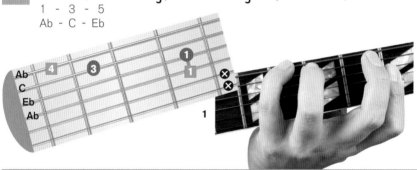

Ab

2 Ab (Abmaj, Abmajor, AbM)

1 - 3 - 5
Ab - C - Eb

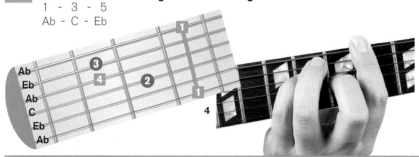

3 Ab (Abmaj, Abmajor, AbM)

1 - 3 - 5
Ab - C - Eb

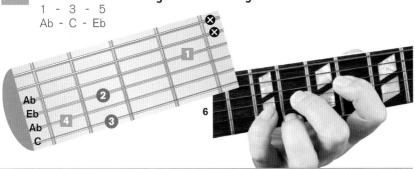

4 Ab (Abmaj, Abmajor, AbM)

1 - 3 - 5
Ab - C - Eb

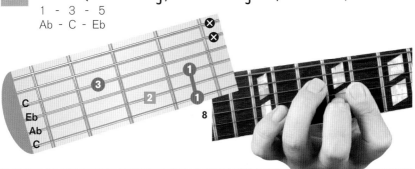

5 Ab (Abmaj, Abmajor, AbM)

1 - 3 - 5
Ab - C - Eb

Ab

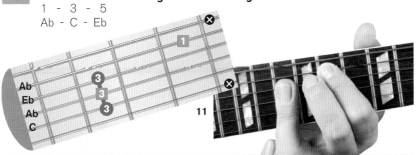

LA BEMOL MAYOR (Ab)

Los acordes con sexta son simples acordes mayores mas una sexta mayor creando una textura armónica extra. Para transformar un acorde básico de Ab mayor (A bemol mayor) en un acorde con sexta, se agrega una sola nota Fa (F) al acorde básico. **3** Un acorde conciso que usa las cuatro primeras cuerdas sin ninguna de sus notas duplicadas, pero con su tercera (C) una octava más alta dándole más resonancia. **5** Este acorde tiene la misma colocación de sus voces que el acorde 3, pero al tocarse más arriba del diapasón y en cuerdas más graves (2,3,4 y5), tiene un sonido con más cuerpo.

1 ## Ab6 (Abmaj6, Abmajor6, AbM6)

1 - 3 - 5 - 6
Ab - C - Eb - F

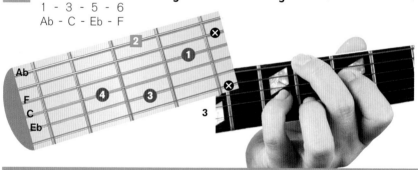

Ab

2 ## Ab6 (Abmaj6, Abmajor6, AbM6)

1 - 3 - 5 - 6
Ab - C - Eb - F

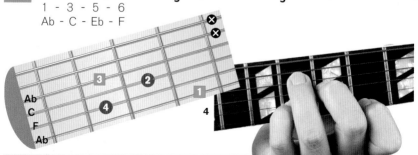

3 Ab6 (Abmaj6, Abmajor6, AbM6)

1 - 3 - 5 - 6
Ab - C - Eb - F

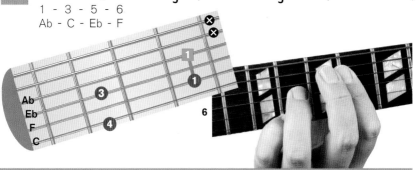

4 Ab6 (Abmaj6, Abmajor6, AbM6)

1 - 3 - 5 - 6
Ab - C - Eb - F

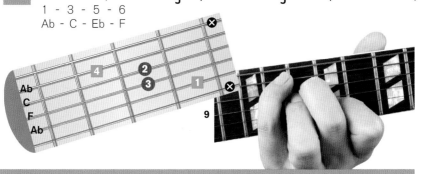

Ab

5 Ab6 (Abmaj6, Abmajor6, AbM6)

1 - 3 - 5 - 6
Ab - C - Eb - F

LA BEMOL MAYOR (Ab)

El acorde mayor siete juega un papel importante dentro del sonido Bossa Nova, el cual fue creado por el legendario compositor Antonio Carlos Jobim a principio de la década de los 60. El sonido ligero de este acorde es perfecto para los sutiles ritmos y las texturas jazzísticas de un estilo con raíces latinoamericanas. Con melodías frecuentemente ejecutadas por instrumentos de aliento (saxofón, trompeta, etc.), Ab (A bemol) es una tonalidad común para este género.

Ab

1 Abmaj7 (Ab△, Abmajor7, AbM7)

1 - 3 - 5 - 7
Ab - C - Eb - G

2 Abmaj7 (Ab△, Abmajor7, AbM7)

1 - 3 - 5 - 7
Ab - C - Eb - G

3 Abmaj7 (Ab△, Abmajor7, AbM7)

1 - 3 - 5 - 7
Ab - C - Eb - G

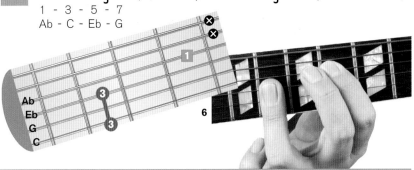

4 Abmaj7 (Ab△, Abmajor7, AbM7)

1 - 3 - 5 - 7
Ab - C - Eb - G

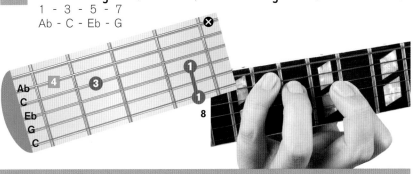

Ab

5 Abmaj7 (Ab△, Abmajor7, AbM7)

1 - 3 - 5 - 7
Ab - C - Eb - G

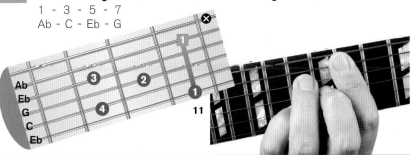

LA BEMOL MAYOR (Ab)

Absus (A bemol suspendido)

Los compositores a menudo usan los acordes suspendidos para crear ambigüedad armónica, ya que al añadir la segunda Bb (B bemol) o la cuarta Db (D bemol), "suspende" la tercera del acorde y disfraza la tonalidad. **Absus2: 1** Una posición en un registro alto que usa las cuatro primeras cuerdas con su segunda Bb (B bemol) como la nota más alta. **Absus4: 1** Un acorde en inversión poco usual que ocupa las cuatro primeras cuerdas, con su quinta Eb (E bemol) como la nota más grave.

1 ## Absus2

1 - 2 - 5
Ab - Bb - Eb

Ab

2 ## Absus2

1 - 2 - 5
Ab - Bb - Eb

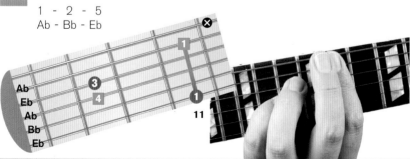

1 Absus4

1 - 4 - 5
Ab - Db - Eb

2 Absus4

1 - 4 - 5
Ab - Db - Eb

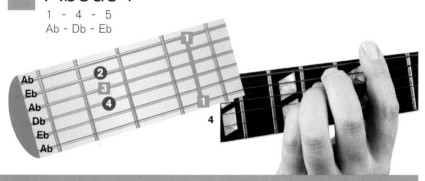

3 Absus4

1 - 4 - 5
Ab - Db - Eb

Ab

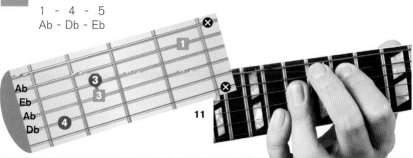

LA BEMOL MENOR (Abm)

La tonalidad de Ab menor tiene en su armadura siete bemoles, y siendo ésta la relativa menor de Cb (C bemol) mayor, la hace una tonalidad poco usual en la guitarra. Sin embargo, el acorde de Ab menor puede aparecer como un acorde de paso o como una modulación temporal dentro de una canción, así que vale la pena que te familiarices con estas posiciones.

1 Abm (Abmin, Abminor, Ab–)

1 - b3 - 5
Ab - Cb - Eb

Ab

2 Abm (Abmin, Abminor, Ab–)

1 - b3 - 5
Ab - Cb - Eb

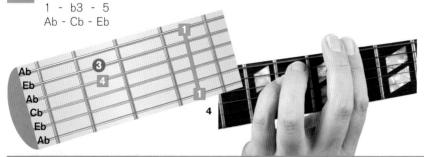

3 Abm (Abmin, Abminor, Ab−)

1 - b3 - 5
Ab - Cb - Eb

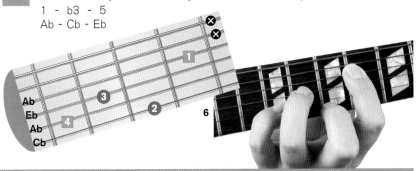

4 Abm (Abmin, Abminor, Ab−)

1 - b3 - 5
Ab - Cb - Eb

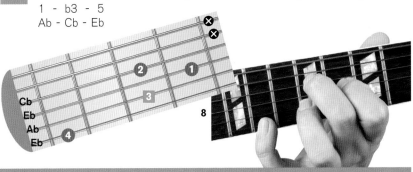

Ab

5 Abm (Abmin, Abminor, Ab−)

1 - b3 - 5
Ab - Cb - Eb

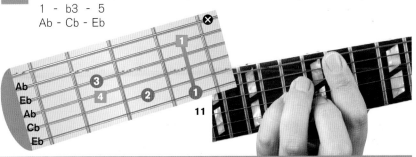

LA BEMOL MENOR (Abm)

Una buena manera de darle "sabor" a un acorde Ab menor, es agregarle una sexta mayor (F) o una séptima menor (Gb). **Abmin6: 2** Un acorde con un registro medio, que ocupa las primeras cuatro cuerdas y que presenta su tercera, Cb (C bemol), una octava arriba. Ideal para ritmos sincopados funk. **Abmin7: 2** Una posición sencilla que usa las cuatro cuerdas centrales, que tiene su tónica duplicada y que omite su quinta (Eb), ideal para secuencias arpegeadas.

1 ## Abmin6 (Abminor6, Abm6, Ab–6)

1 - b3 - 5 - 6
Ab - Cb - Eb - F

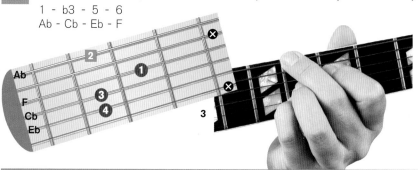

Ab

2 ## Abmin6 (Abminor6, Abm6, Ab–6)

1 - b3 - 5 - 6
Ab - Cb - Eb - F

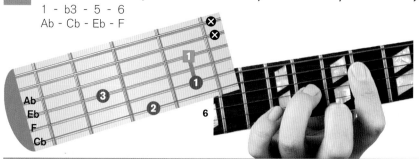

1 Abmin7 (Abminor7, Abm7, Ab–7)

1 - b3 - 5 - b7
Ab - Cb - Eb - Gb

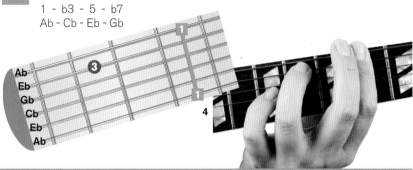

2 Abmin7 (Abminor7, Abm7, Ab–7)

1 - b3 - 5 - b7
Ab - Cb - Eb - Gb

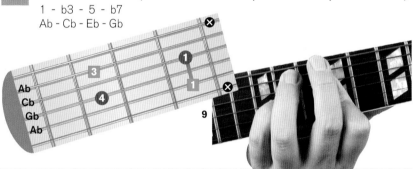

Ab

3 Abmin7 (Abminor7, Abm7, Ab–7)

1 - b3 - 5 - b7
Ab - Cb - Eb - Gb

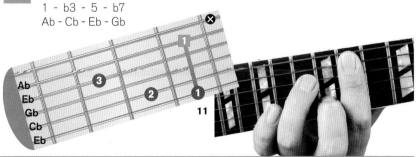

LA BEMOL SIETE (Ab7)

A pesar de que no es habitual encontrarse con un blues en Ab, un blues en Eb sí es más común, particularmente en estilo jazz y funk; y por lo tanto, siendo Ab7 el segundo acorde (IV grado) de un blues en Eb, es muy probable que llegues a necesitar por lo menos una de estas cinco posiciones en algún momento.

1 Ab7 (Abdom7)

1 - 3 - 5 - b7
Ab - C - Eb - Gb

2 Ab7 (Abdom7)

1 - 3 - 5 - b7
Ab - C - Eb - Gb

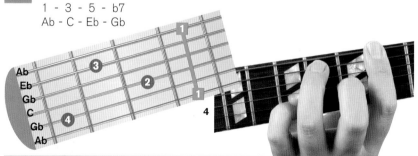

Ab

3 Ab7 (Abdom7)

1 - 3 - 5 - b7
Ab - C - Eb - Gb

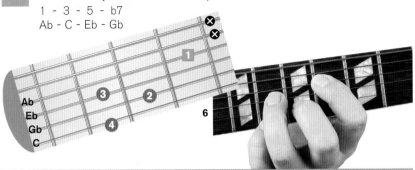

4 Ab7 (Abdom7)

1 - 3 - 5 - b7
Ab - C - Eb - Gb

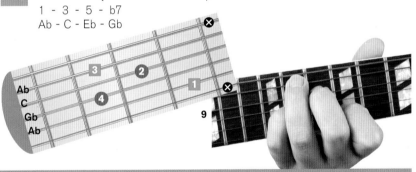

5 Ab7 (Abdom7)

1 - 3 - 5 - b7
Ab - C - Eb - Gb

Ab

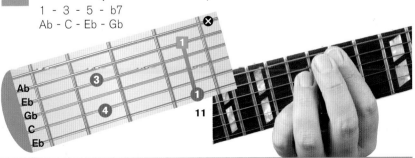

LA BEMOL SIETE (Ab7)

Estos dos tipos de acordes dominante siete no sólo suenan diferente, sino que realizan diferentes tareas. El agregar una quinta aumentada a un acorde dominante siete realza la caída al acorde de primer grado dentro de una cadencia perfecta (V-I). Un acorde dominante siete suspendido posee una cualidad más estática y puede ser alternado con su acorde afín para crear movimiento armónico, por ejemplo: una repetición de Ab7 se puede sustituir por: Ab7sus-Ab7-Ab7sus-Ab7.

1 ## Ab7#5 (Ab7aug, Ab7+)

1 - 3 - #5 - b7
Ab - C - E - Gb

Ab

2 ## Ab7#5 (Ab7aug, Ab7+)

1 - 3 - #5 - b7
Ab - C - E - Gb

1 Ab7sus (Ab7sus4)

1 - 4 - 5 - b7
Ab - Db - Eb - Gb

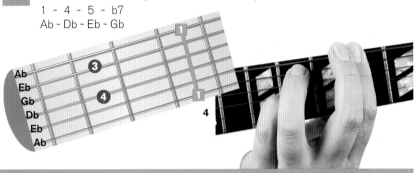

2 Ab7sus (Ab7sus4)

1 - 4 - 5 - b7
Ab - Db - Eb - Gb

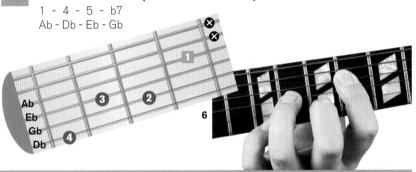

Ab

3 Ab7sus (Ab7sus4)

1 - 4 - 5 - b7
Ab - Db - Eb - Gb

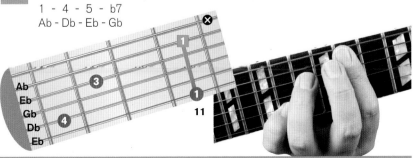

LA BEMOL SIETE (Ab7)

Es común que se tenga la equivocada idea de que los acordes dominantes con novena o trecena fueron "inventados" por músicos de jazz. No obstante, durante el movimiento Impresionista de finales del siglo XIX, el compositor clásico Claude Debussy con frecuencia incorporaba estos dos tipos de acordes en su trabajo. Estos nuevos sonidos a veces también permanecían "sin resolver" precisamente como se presentaría en el blues y en el jazz más adelante en el siglo XX.

Ab9 (Abdom9)

1 - 3 - 5 - b7 - 9
Ab - C - Eb - Gb - Bb

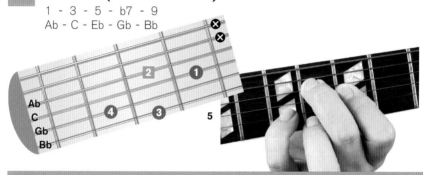

Ab

Ab7#9

1 - 3 - 5 - b7 - #9
Ab - C - Eb - Gb - B

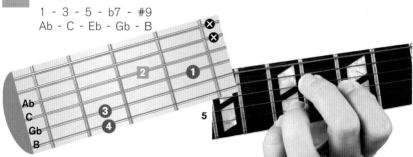

Ab7b9

1 - 3 - 5 - b7 - b9
Ab - C - Eb - Gb - Bbb

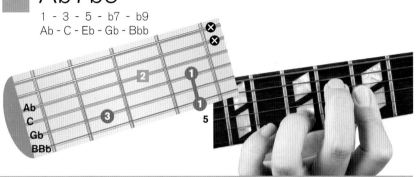

1 Ab13

1 - 3 - 5 - b7 - 9 - 13
Ab - C - Eb - Gb - Bb - F

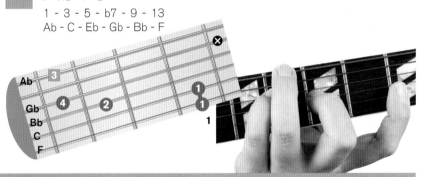

Ab

2 Ab13

1 - 3 - 5 - b7 - 9 - 13
Ab - C - Eb - Gb - Bb - F

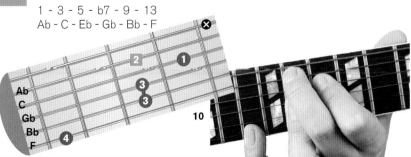

LA MAYOR (A)

La mayor es una tonalidad muy "amigable" para la guitarra; no sólo porque la mayoría de las cuerdas al aire pertenecen a la escala de La mayor, sino también porque sus tres principales acordes A, D y E (mayores) se presentan en posiciones abiertas. **1** Una clásica posición que usa las cinco primeras cuerdas, con su tónica y su quinta duplicadas. **2** Una variación de la posición previa que reemplaza a la quinta duplicada con una tónica extra más alta creando un sonido más "abierto".

1 A (Amaj, Amajor, AM)

1 - 3 - 5
A - C# - E

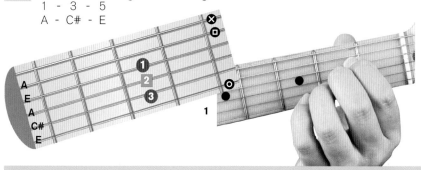

2 A (Amaj, Amajor, AM)

1 - 3 - 5
A - C# - E

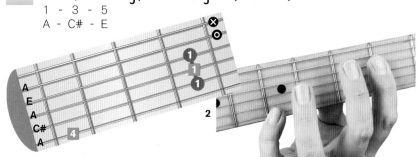

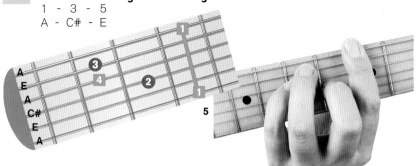
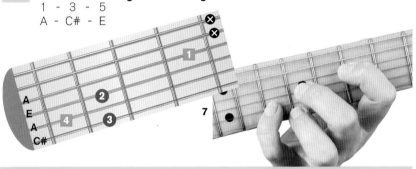
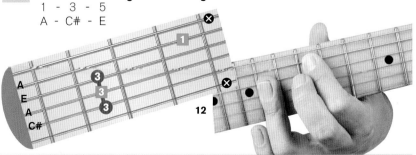

LA MAYOR (A)

El acorde con sexta ha sido usado en todos los estilos desde el rockabilly hasta el jazz como un acorde para final. **2** La inclusión de la tónica en la quinta cuerda al aire le da una profundidad extra a este acorde con registro medio. **5** Una posición versátil que ocupa las cuatro cuerdas centrales con su tercera como nota más alta y una sólida combinación de la tónica y la quinta fundamentada en el "power chord".

1 A6 (Amaj6, Amajor6, AM6)

1 - 3 - 5 - 6
A - C# - E - F#

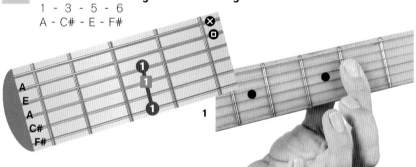

2 A6 (Amaj6, Amajor6, AM6)

1 - 3 - 5 - 6
A - C# - E - F#

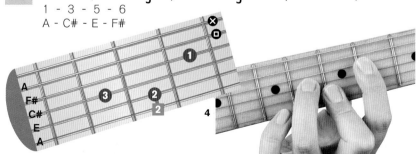

3 A6 (Amaj6, Amajor6, AM6)

1 - 3 - 5 - 6
A - C# - E - F#

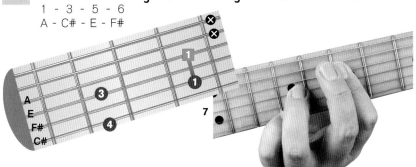

4 A6 (Amaj6, Amajor6, AM6)

1 - 3 - 5 - 6
A - C# - E - F#

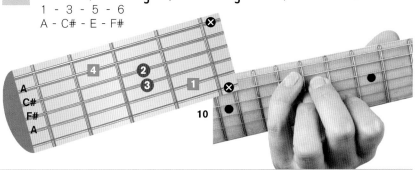

5 A6 (Amaj6, Amajor6, AM6)

1 - 3 - 5 - 6
A - C# - E - F#

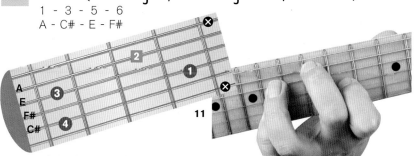

A

LA MAYOR (A)

El acorde mayor siete es sin duda alguna el acorde más jazzístico, fresco y agradable de todos los acordes mayores, aunque no sólo es para el jazz, sino que se usa en muchos otros estilos. Para un ejemplo claro de su uso en el género del rock, escucha la parte del acompañamiento del verso de la canción *Castles Made of Sand* de Jimi Hendrix que aparece en su excelente álbum de 1967 *Axis: Bold as Love*.

1 Amaj7 (A△, Amajor7, AM7)

1 - 3 - 5 - 7
A - C# - E - G#

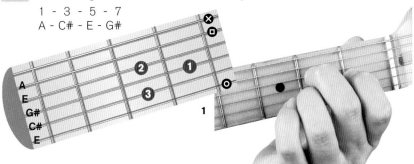

2 Amaj7 (A△, Amajor7, AM7)

1 - 3 - 5 - 7
A - C# - E - G#

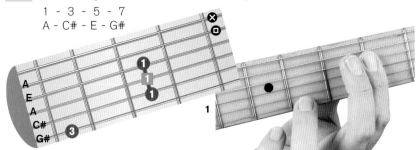

A

3 Amaj7 (A△, Amajor7, AM7)

1 - 3 - 5 - 7
A - C# - E - G#

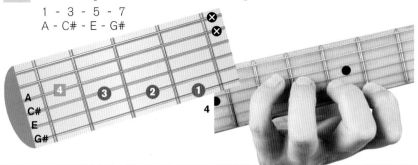

4 Amaj7 (A△, Amajor7, AM7)

1 - 3 - 5 - 7
A - C# - E - G#

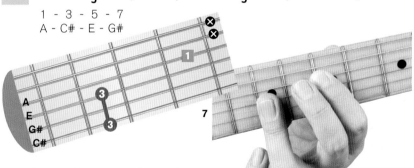

5 Amaj7 (A△, Amajor7, AM7)

1 - 3 - 5 - 7
A - C# - E - G#

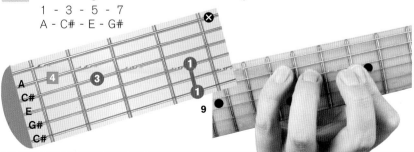

A

LA MAYOR (A)

Asus (A suspendido)

Asus2: 1 Propio para el tono de A mayor, esta posición que ocupa las cinco primeras cuerdas, es perfecta para un sonido con sabor country; trata de hacer un ligado ascendente ("hammer-on") del B al C#, cuerda 2 al aire al traste 2 de la misma cuerda 2, para crear un efecto de pedal-steel. **Asus4: 1** Un acorde abierto resonante con su tónica y su quinta duplicadas, el cual también resuelve perfectamente a A (A mayor), posición 1 de la página 176.

1 ## Asus2

1 - 2 - 5
A - B - E

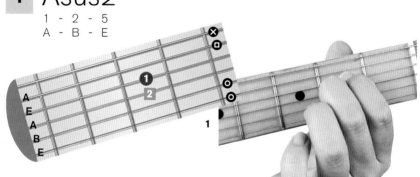

2 ## Asus2

1 - 2 - 5
A - B - E

A

1 ## Asus4
1 - 4 - 5
A - D - E

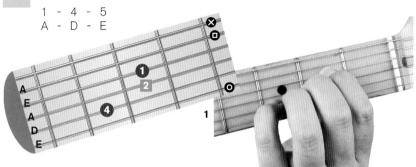

2 ## Asus4
1 - 4 - 5
A - D - E

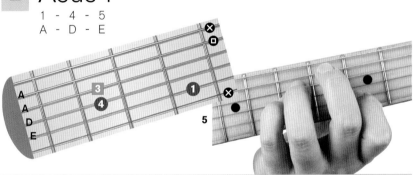

3 ## Asus4
1 - 4 - 5
A - D - E

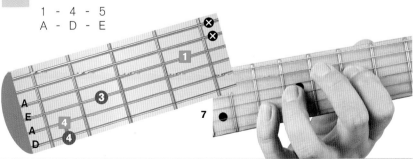

A

LA MENOR (Am)

Las características de la tonalidad de A menor han sido descritas como "simple, natural, melancólica y rústica"; cualidades que representan perfectamente al tema *Für Elise* de Beethoven, escrita en A menor. Pueden ser usadas también para describir a la versión de The Animals de la canción folk, *House of the Rising Sun*, con su hipnótica progresión cíclica en A menor en compás de 12/8.

1 Am (Amin, Aminor, A−)

1 - b3 - 5
A - C - E

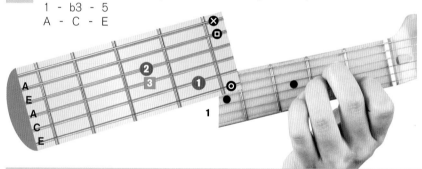

2 Am (Amin, Aminor, A−)

1 - b3 - 5
A - C - E

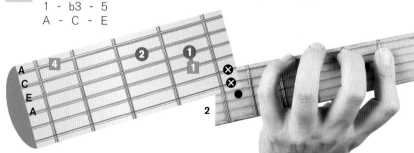

3 Am (Amin, Aminor, A–)

1 - b3 - 5
A - C - E

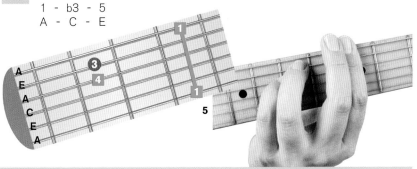

4 Am (Amin, Aminor, A–)

1 - b3 - 5
A - C - E

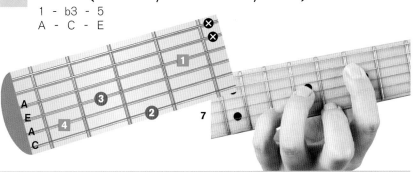

5 Am (Amin, Aminor, A–)

1 - b3 - 5
A - C - E

A

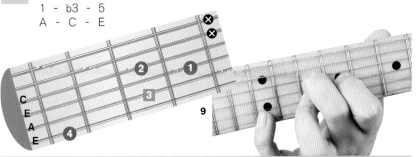

LA MENOR (Am)

En algunas ocasiones un acorde básico menor simplemente no posee suficiente "color"; ¿te puedes imaginar al atmosférico tema de James Bond del compositor Monty Norman sin su clásico acompañamiento y sus peculiares acordes menor seis? De manera similar, el clásico tema de los Doobie Brothers de los 70 *Long Train Runnin'* comienza con un distintivo acorde menor siete en vamp que simplemente no hubiera funcionado bien de haberse basado en un acorde menor puro.

1 Amin6 (Aminor6, Am6, A–6)

1 - b3 - 5 - 6
A - C - E - F#

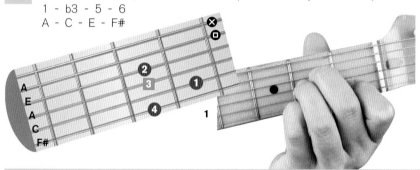

2 Amin6 (Aminor6, Am6, A–6)

1 - b3 - 5 - 6
A - C - E - F#

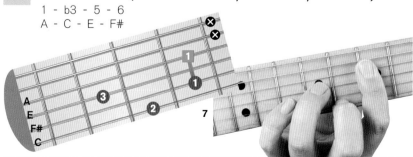

A

1 Amin7 (Aminor7, Am7, A–7)

1 - b3 - 5 - b7
A - C - E - G

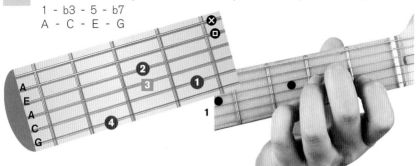

2 Amin7 (Aminor7, Am7, A–7)

1 - b3 - 5 - b7
A - C - E - G

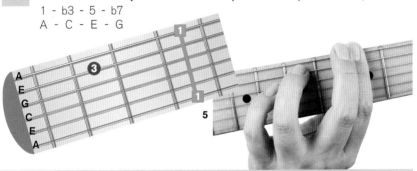

3 Amin7 (Aminor7, Am7, A–7)

1 - b3 - 5 - b7
A - C - E - G

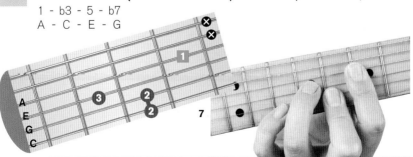

A

LA SIETE (A7)

A partir de que A mayor es una de las tonalidades más comunes para un blues en guitarra, estas cinco posiciones de A7 (A siete), en verdad son esenciales para cualquier digno ejecutante de blues. Para un ejemplo claro de qué tan bueno puede sonar un blues-rock en esta tonalidad, escucha los devastadores riffs y el uso de los acordes dominante siete de Jimmy Page en la clásica canción de Led Zeppelin *Rock and Roll* de su cuarto álbum.

1 A7 (Adom7)

1 - 3 - 5 - b7
A - C# - E - G

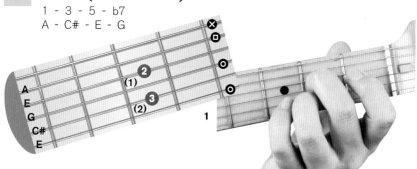

2 A7 (Adom7)

1 - 3 - 5 - b7
A - C# - E - G

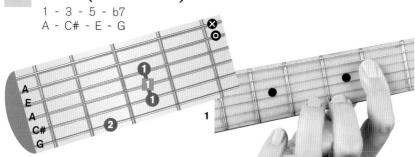

A

3 A7 (Adom7)

1 - 3 - 5 - b7
A - C# - E - G

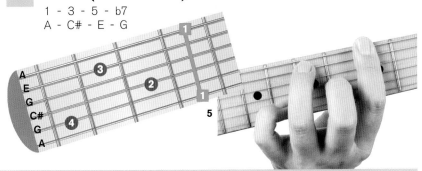

4 A7 (Adom7)

1 - 3 - 5 - b7
A - C# - E - G

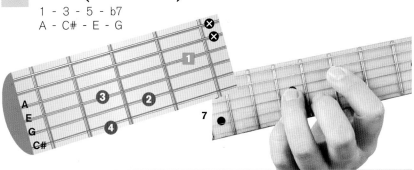

5 A7 (Adom7)

1 - 3 - 5 - b7
A - C# - E - G

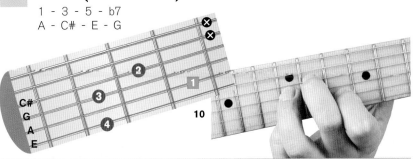

A

LA SIETE (A7)

A continuación hay dos acordes dominante siete con la quinta del acorde alterada ascendentemente (#) medio tono muy útiles; comúnmente a este acorde se le llama "dominante con la quinta aumentada". La quinta aumentada raramente se duplica (a diferencia de la quinta justa) ya que posee un sonido más fuerte. En la página opuesta aparecen tres posiciones de acordes dominante siete con su cuarta suspendida; estos acordes a menudo se les llama simplemente "siete sus", ya que la segunda suspendida en un acorde dominante siete representaría una anomalía.

1 A7#5 (A7aug, A7+)

1 - 3 - #5 - b7
A - C# - E# - G

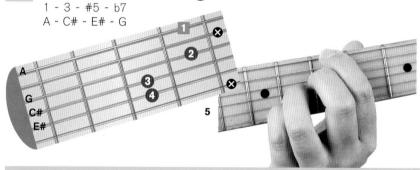

2 A7#5 (A7aug, A7+)

1 - 3 - #5 - b7
A - C# - E# - G

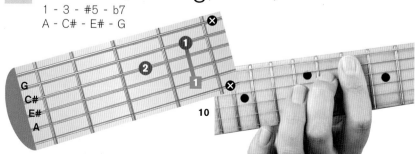

A

1 A7sus (A7sus4)

1 - 4 - 5 - b7
A - D - E - G

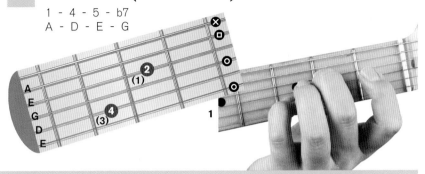

2 A7sus (A7sus4)

1 - 4 - 5 - b7
A - D - E - G

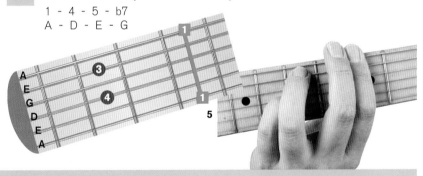

3 A7sus (A7sus4)

1 - 4 - 5 - b7
A - D - E - G

A

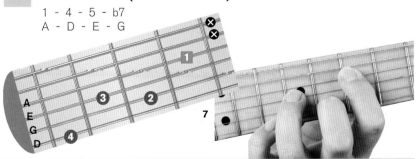

LA SIETE (A7)

Aquí hay cinco acordes dominante siete tanto con su novena como con su trecena (que a menudo incluye la novena) agregadas; estos son intervalos que se añaden le dan color al acorde dominante siete básico para crear un interés armónico adicional. **A9** Una posición versátil que usa las cuatro primeras cuerdas con un sonido brillante y vivo. **A13: 1** La inclusión de la tónica en la quinta cuerda al aire le da peso a este complejo acorde que ocupa las cinco primeras cuerdas.

A9 (Adom9)

1 - 3 - 5 - b7 - 9
A - C# - E - G - B

A7#9

1 - 3 - 5 - b7 - #9
A - C# - E - G - B#

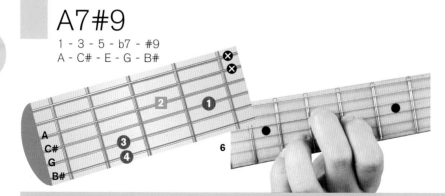

A7b9

1 - 3 - 5 - b7 - b9
A - C# - E - G - Bb

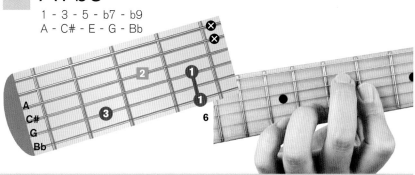

1 A13

1 - 3 - 5 - b7 - 9 - 13
A - C# - E - G - B - F#

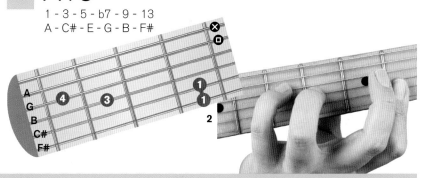

2 A13

1 - 3 - 5 - b7 - 9 - 13
A - C# - E - G - B - F#

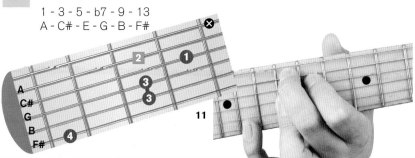

A

SI BEMOL MAYOR (Bb)

Los ejecutantes de instrumentos de viento (saxofón, trompeta y trombón) adoran la tonalidad de Bb (B bemol). Así que es muy probable que llegues a necesitar usar esta tonalidad cuando toques estilos que presenten estos instrumentos (por ejemplo, jazz, Chicago blues, soul o funk). **1** La posición más baja para este acorde en el diapasón, está en segunda posición con la tónica en la quinta cuerda en bajo.

1 Bb (Bbmaj, Bbmajor, BbM)
1 - 3 - 5
Bb - D - F

2 Bb (Bbmaj, Bbmajor, BbM)
1 - 3 - 5
Bb - D - F

Bb

3 Bb (Bbmaj, Bbmajor, BbM)

1 - 3 - 5
Bb - D - F

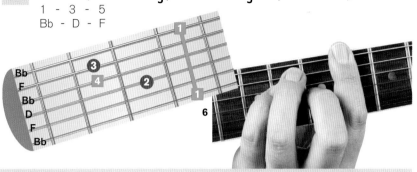

4 Bb (Bbmaj, Bbmajor, BbM)

1 - 3 - 5
Bb - D - F

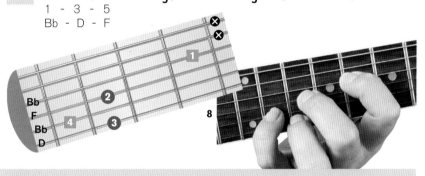

5 Bb (Bbmaj, Bbmajor, BbM)

1 - 3 - 5
Bb - D - F

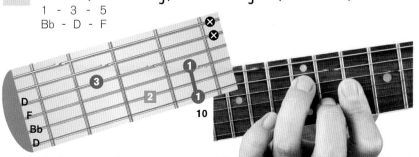

Bb

SI BEMOL MAYOR (Bb)

El tocar un blues en Bb (B bemol) es muy común en el mundo del jazz y a menudo "asusta" al guitarrista novato, quien probablemente se sienta más cómodo tocándolo en A (A mayor), medio tono abajo (un traste). *I Got Rhythm* de George Gershwin contiene una de las progresiones de acordes que se usan con mayor frecuencia en el jazz (usualmente con una melodía original como en *Anthropology* de Charlie Parker), y normalmente se toca en Bb siendo el primer acorde Bb6.

1 Bb6 (Bbmaj6, Bbmajor6, BbM6)

1 - 3 - 5 - 6
Bb - D - F - G

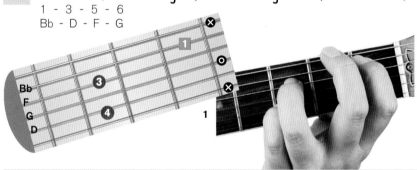

2 Bb6 (Bbmaj6, Bbmajor6, BbM6)

1 - 3 - 5 - 6
Bb - D - F - G

Bb

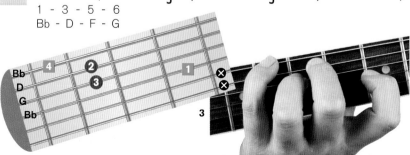

3 Bb6 (Bbmaj6, Bbmajor6, BbM6)

1 - 3 - 5 - 6
Bb - D - F - G

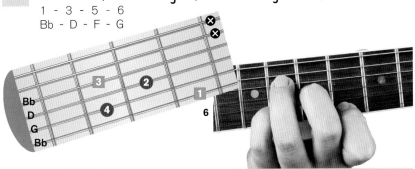

4 Bb6 (Bbmaj6, Bbmajor6, BbM6)

1 - 3 - 5 - 6
Bb - D - F - G

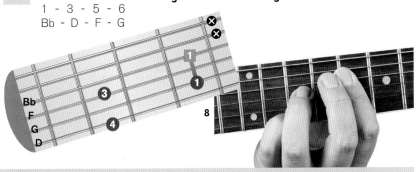

5 Bb6 (Bbmaj6, Bbmajor6, BbM6)

1 - 3 - 5 - 6
Bb - D - F - G

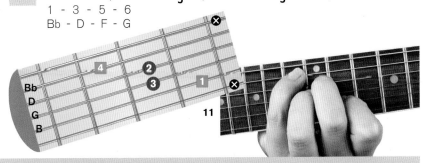

Bb

SI BEMOL MAYOR (Bb)

Ya que el uso de la tonalidad de Bb (B bemol) predomina en el jazz, y que el acorde mayor siete se usa más que el acorde mayor básico en este género, estas cinco posiciones son material esencial para el aspirante a ser un guitarrista de jazz. **1** La posición más baja para Bbmaj7 (B bemol mayor siete) se localiza en el primer traste. **3** Un acorde con sonido dulce y ligero, en posición fundamental (1-3-5-7), bueno para un comp (acompañamiento melódico, armónico y rítmico) estilo post-bop.

1 Bbmaj7 (Bb△, Bbmajor7, BbM7)

1 - 3 - 5 - 7
Bb - D - F - A

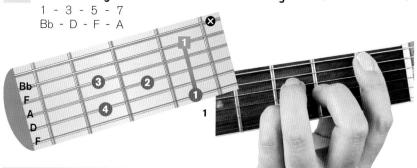

2 Bbmaj7 (Bb△, Bbmajor7, BbM7)

1 - 3 - 5 - 7
Bb - D - F - A

Bb

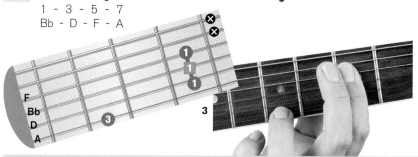

3 Bbmaj7 (Bb△, Bbmajor7, BbM7)

1 - 3 - 5 - 7
Bb - D - F - A

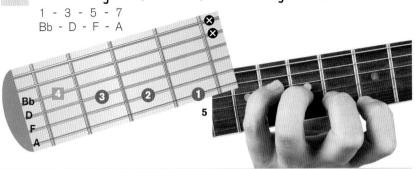

4 Bbmaj7 (Bb△, Bbmajor7, BbM7)

1 - 3 - 5 - 7
Bb - D - F - A

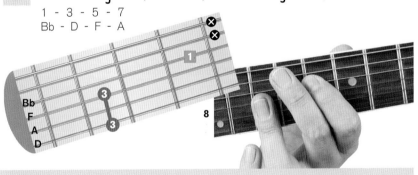

5 Bbmaj7 (Bb△, Bbmajor7, BbM7)

1 - 3 - 5 - 7
Bb - D - F - A

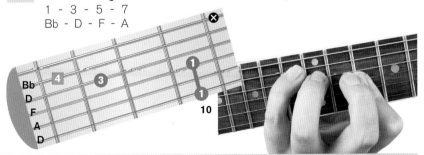

Bb

SI BEMOL MAYOR (Bb)

Bbsus (B bemol suspendido)

Los acordes suspendidos frecuentemente se usan en baladas y canciones con tiempo lento en las cuales se puede requerir de movimientos armónicos adicionales. **Bbsus2: 1** y **Bbsus4: 1** Experimenta sustituyendo un compás completo de Bb combinando estas dos posiciones un tiempo cada una; también suena bien arpegiando los acordes con plumilla o con los dedos.

1 ## Bbsus2

1 - 2 - 5
Bb - C - F

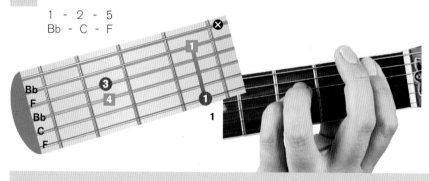

2 ## Bbsus2

1 - 2 - 5
Bb - C - F

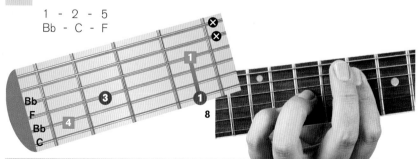

1 Bbsus4

1 - 4 - 5
Bb - Eb - F

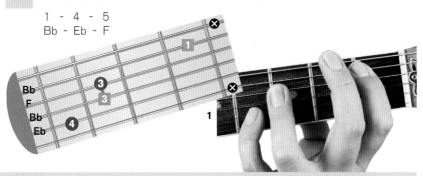

2 Bbsus4

1 - 4 - 5
Bb - Eb - F

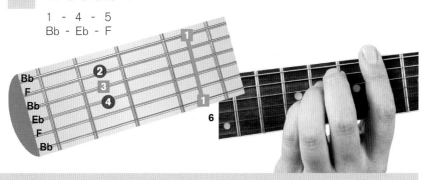

3 Bbsus4

1 - 4 - 5
Bb - Eb - F

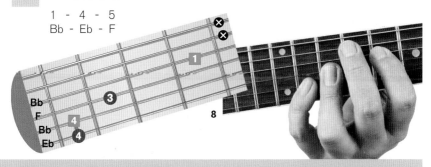

Bb

SI BEMOL MENOR (Bbm)

Bb menor es el relativo menor de Db mayor (D bemol mayor) y comparte la misma armadura, la cual contiene cinco bemoles. No es muy frecuente encontrarla en canciones de rock o pop debido a la falta de posiciones abiertas de acordes en esta tonalidad. Sin embargo, tiene gran aplicación en géneros dominados por "metales" (saxofón, trompeta, etc.) y/o por secciones de metales tales como jazz, soul y funk. **3** Una posición con cejilla completa sobre las seis cuerdas con un sonido lleno y resonante.

1 Bbm (Bbmin, Bbminor, Bb−)

1 - b3 - 5
Bb - Db - F

2 Bbm (Bbmin, Bbminor, Bb−)

1 - b3 - 5
Bb - Db - F

Bb

3 Bbm (Bbmin, Bbminor, Bb–)

1 - b3 - 5
Bb - Db - F

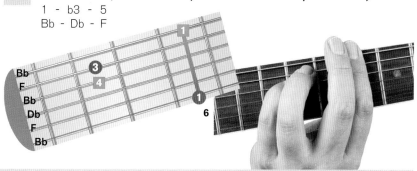

4 Bbm (Bbmin, Bbminor, Bb–)

1 - b3 - 5
Bb - Db - F

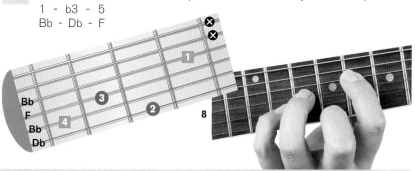

5 Bbm (Bbmin, Bbminor, Bb–)

1 - b3 - 5
Db - F - Bb - F

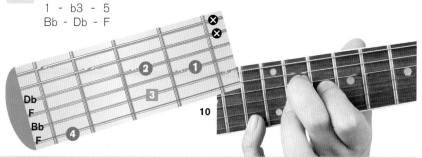

Bb

SI BEMOL MENOR (Bbm)

La sexta mayor y la séptima menor habitualmente se usan para cambiar la cualidad de un acorde menor básico. Un acorde de Bbm (B bemol menor) puro tiene un sonido triste pero claro; agregándole una sexta mayor le da al acorde un sonido oscuro y siniestro, mientras que el agregarle una séptima menor transforma al acorde menor básico en uno más ligero con un sonido más jazzístico.

1 Bbmin6 (Bbminor6, Bbm6, Bb–6)

1 - b3 - 5 - 6
Bb - Db - F - G

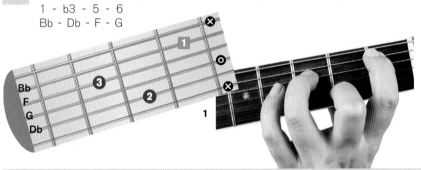

2 Bbmin6 (Bbminor6, Bbm6, Bb–6)

1 - b3 - 5 - 6
Bb - Db - F - G

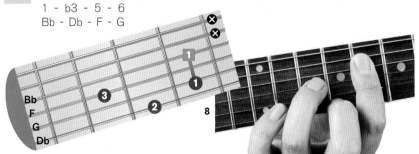

1 Bbmin7 (Bbminor7, Bbm7, Bb−7)

1 - b3 - 5 - b7
Bb - Db - F - Ab

2 Bbmin7 (Bbminor7, Bbm7, Bb−7)

1 - b3 - 5 - b7
Bb - Db - F - Ab

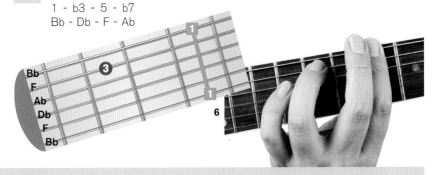

3 Bbmin7 (Bbminor7, Bbm7, Bb−7)

1 - b3 - 5 - b7
Bb - Db - F - Ab

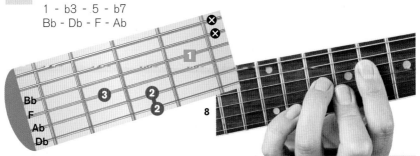

Bb

SI BEMOL SIETE (Bb7)

Es muy probable que te llegues a encontrar con acorde Bb7 en una u otra de estas situaciones musicales: como primer grado en un blues en Bb , o como el quinto grado dominante en la tonalidad de Eb. **2** Un acorde en registro alto que se ubica un poco abajo en el diapasón (o brazo) bueno para ejecutar ritmos sincopados. **5** Este acorde con un registro alto, que usa las cuatro primeras cuerdas, es útil para tocar ritmos con golpes cortos o para cuando necesites apoyar a la sección rítmica.

1 Bb7 (Bbdom7)
1 - 3 - 5 - b7
Bb - D - F - Ab

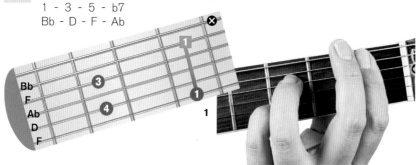

2 Bb7 (Bbdom7)
1 - 3 - 5 - b7
Bb - D - F - Ab

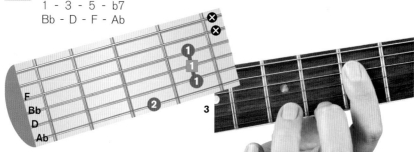

Bb

3 Bb7 (Bbdom7)
1 - 3 - 5 - b7
Bb - D - F - Ab

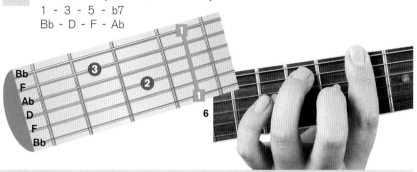

4 Bb7 (Bbdom7)
1 - 3 - 5 - b7
Bb - D - F - Ab

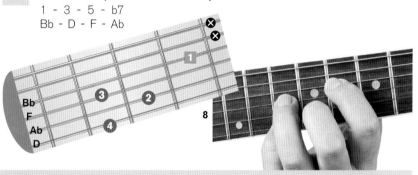

5 Bb7 (Bbdom7)
1 - 3 - 5 - b7
Bb - D - F - Ab

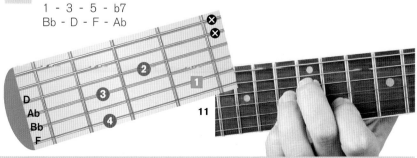

Bb

SI BEMOL SIETE (Bb7)

El acorde Bb7#5 tiene un sonido muy oscuro, el cual puede ser usado para realzar la tensión armónica en una cadencia perfecta V (Bb7#5) - I (Eb/Ebm). El acorde dominante siete suspendido también puede ser usado para darle "sabor" a una cadencia perfecta, pero de una manera diferente: creando un movimiento armónico adicional dentro de una resolución V-I (por ejemplo, Bb7sus-Bb7-Bb). Esto funciona bien en baladas o en temas con ritmos de medio a lento.

1 Bb7#5 (Bb7aug, Bb7+)

1 - 3 - #5 - b7
Bb - D - F# - Ab

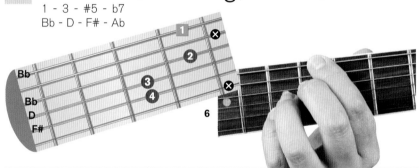

2 Bb7#5 (Bb7aug, Bb7+)

1 - 3 - #5 - b7
Bb - D - F# - Ab

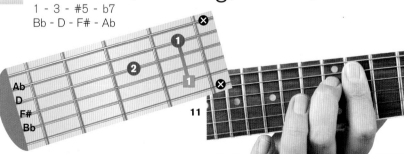

Bb

1 Bb7sus (Bb7sus4)

1 - 4 - 5 - b7
Bb - Eb - F - Ab

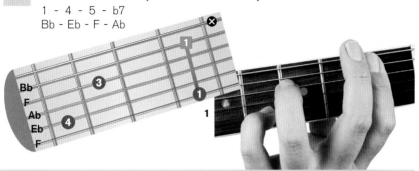

2 Bb7sus (Bb7sus4)

1 - 4 - 5 - b7
Bb - Eb - F - Ab

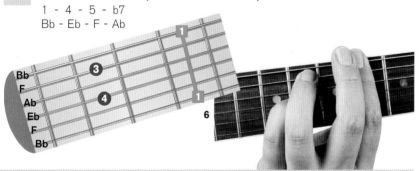

3 Bb7sus (Bb7sus4)

1 - 4 - 5 - b7
Bb - Eb - F - Ab

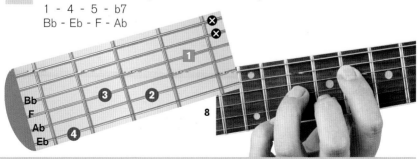

Bb

SI BEMOL SIETE (Bb7)

Los acordes dominante siete pueden extenderse agregándoles intervalos adicionales tales como novenas y trecenas arriba del acorde básico a cuatro partes (1-3-5-b7). **Bb7#9** Esta posición incorpora a la cuarta cuerda al aire (D) dándole una resonancia extra. **Bb13: 1** Acorde con su tónica en la sexta cuerda, con su quinta y novena omitidas, pero reteniendo su distintiva cualidad de dominante trece.

Bb9 (Bbdom9)

1 - 3 - 5 - b7 - 9
Bb - D - F - Ab - C

Bb7#9

1 - 3 - 5 - b7 - #9
Bb - D - F - Ab - C#

Bb

Bb7b9

1 - 3 - 5 - b7 - b9
Bb - D - F - Ab - Cb

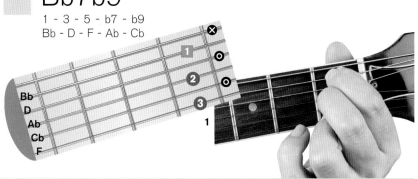

1 Bb13

1 - 3 - 5 - b7 - 9 - 13
Bb - D - F - Ab - C - G

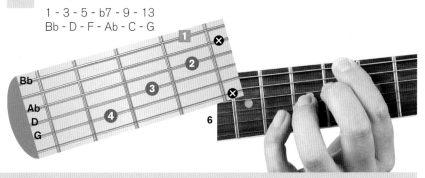

2 Bb13

1 - 3 - 5 - b7 - 9 - 13
Bb - D - F - Ab - C - G

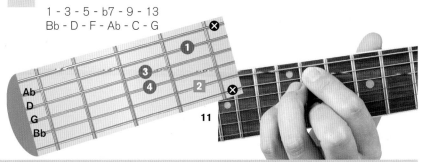

Bb

SI MAYOR (B)

A pesar de que sólo el acorde de cuarto grado (E) está disponible en posición abierta, y que la armadura de B mayor presenta cinco sostenidos, B (B mayor) es sin embargo una tonalidad popular. La falta de una posición abierta para el acorde de B (B mayor) no impide que haya posiciones con cejilla que de igual manera logren un sonido resonante y completo. **3** Una posición que usa una cejilla completa sobre las seis cuerdas es grandiosa para un rasgueo rítmico lleno.

1 B (Bmaj, Bmajor, BM)
1 - 3 - 5
B - D# - F#

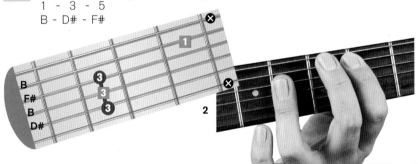

2 B (Bmaj, Bmajor, BM)
1 - 3 - 5
B - D# - F#

3 B (Bmaj, Bmajor, BM)

1 - 3 - 5
B - D# - F#

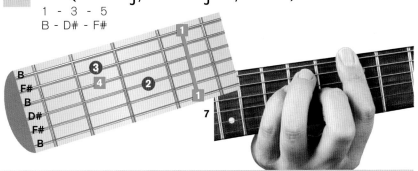

4 B (Bmaj, Bmajor, BM)

1 - 3 - 5
B - D# - F#

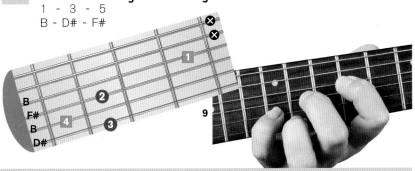

5 B (Bmaj, Bmajor, BM)

1 - 3 - 5
B - D# - F#

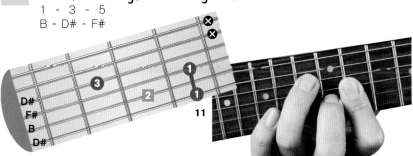

B

SI MAYOR (B)

El acorde con sexta añade una sexta mayor al acorde básico mayor, por lo tanto su cifrado armónico de cuatro notas es (1-3-5-6). Las cinco posiciones que se presentan a continuación pueden usarse como sustitutos para cualquier acorde básico de B (B mayor) que se muestran en las páginas 212-213. **1** Un acorde ubicado en la parte baja del diapasón que incluye la segunda cuerda al aire (B) y la tónica duplicada que le da una resonancia extra. **5** Una sencilla posición que usa las primeras cuatro cuerdas sin ninguna nota duplicada.

1 B6 (Bmaj6, Bmajor6, BM6)

1 - 3 - 5 - 6
B - D# - F# - G#

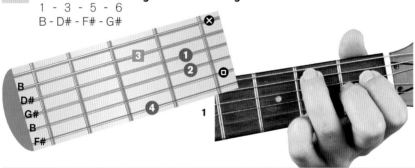

2 B6 (Bmaj6, Bmajor6, BM6)

1 - 3 - 5 - 6
B - D# - F# - G#

3 B6 (Bmaj6, Bmajor6, BM6)

1 - 3 - 5 - 6
B - D# - F# - G#

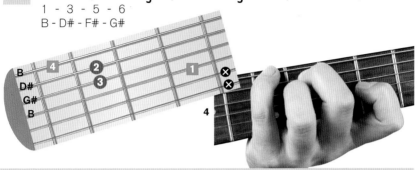

4 B6 (Bmaj6, Bmajor6, BM6)

1 - 3 - 5 - 6
B - D# - F# - G#

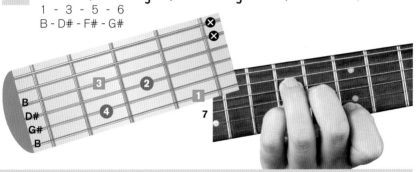

5 B6 (Bmaj6, Bmajor6, BM6)

1 - 3 - 5 - 6
B - D# - F# - G#

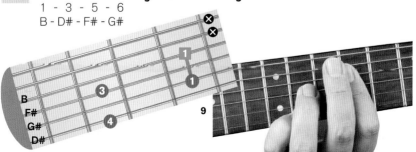

B

SI MAYOR (B)

El acorde mayor siete tiene un sofisticado y suave sonido que habitualmente se le asocia con el jazz, pero también puede ser usado en muchos otros géneros. **1** Una posición poco usual que incluye la segunda cuerda al aire (B) para darle un toque de disonancia cromática; prueba este acorde con un efecto de "Chorus". **4** Una posición cerrada sobre las cuatro primeras cuerdas para un sonido puro y simple del acorde mayor siete.

1 Bmaj7 (B△, Bmajor7, BM7)

1 - 3 - 5 - 7
B - D# - F# - A#

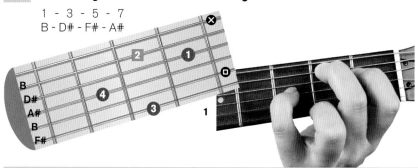

2 Bmaj7 (B△, Bmajor7, BM7)

1 - 3 - 5 - 7
B - D# - F# - A#

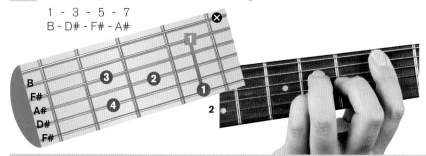

3 Bmaj7 (B△, Bmajor7, BM7)

1 - 3 - 5 - 7
B - D# - F# - A#

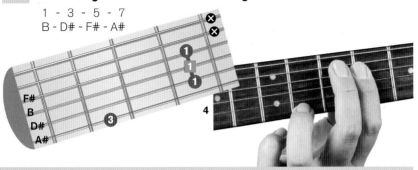

4 Bmaj7 (B△, Bmajor7, BM7)

1 - 3 - 5 - 7
B - D# - F# - A#

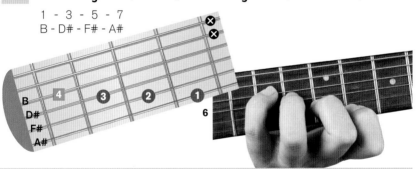

5 Bmaj7 (B△, Bmajor7, BM7)

1 - 3 - 5 - 7
B - D# - F# - A#

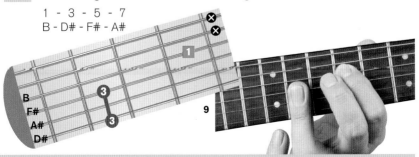

B

SI MAYOR (B)

Bsus (B Suspendido)

Debido a que no contienen tercera, los acordes suspendidos son frecuentemente usados para crear ambigüedad armónica, ya que técnicamente no son ni mayores ni menores. **Bsus2: 2** Un acorde con un registro alto, que usa las primeras cuatro cuerdas con su tónica duplicada; ideal para darle un sonido completo a una sección rítmica que tenga dos guitarras. **Bsus4: 2** Una posición con cejilla completa sobre las seis cuerdas que puede ser usada junto con B (B mayor), posición 1 de la página 213, para crear partes rítmicas estimulantes.

1 Bsus2

1 - 2 - 5
B - C# - F#

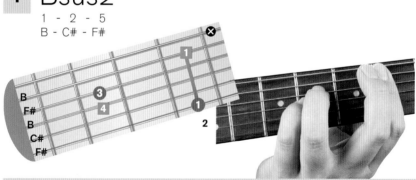

2 Bsus2

1 - 2 - 5
B - C# - F#

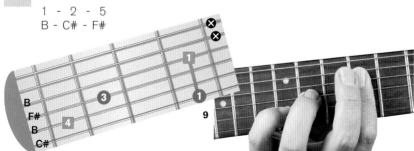

1 Bsus4

1 - 4 - 5
B - E - F#

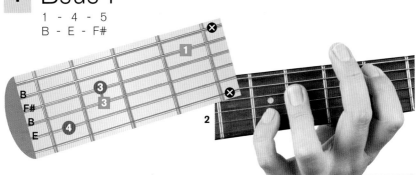

2 Bsus4

1 - 4 - 5
B - E - F#

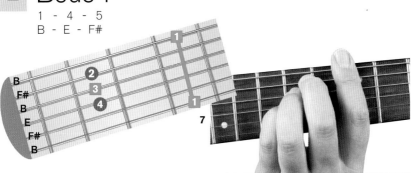

3 Bsus4

1 - 4 - 5
B - E - F#

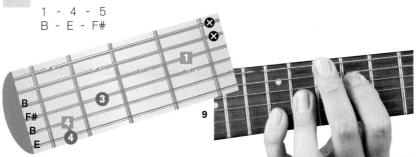

B

SI MENOR (Bm)

La tonalidad de B menor es el relativo menor de D mayor (con una armadura de dos sostenidos) y es una tonalidad popular en la guitarra. Es fácil crear movimientos lineales descendentes del bajo con acordes arpegiados utilizando la quinta cuerda al aire (esto se puede hacer bien cuando se usa la posición 1 que se muestra a continuación); en consecuencia, muchas baladas rock y temas en tiempo lento han sido escritas en esta tonalidad.

1 Bm (Bmin, Bminor, B–)

1 - b3 - 5
B - D - F#

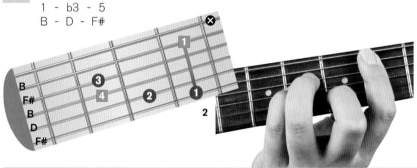

2 Bm (Bmin, Bminor, B–)

1 - b3 - 5
B - D - F#

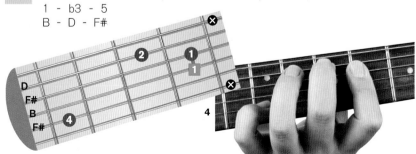

3 Bm (Bmin, Bminor, B–)

1 - b3 - 5
B - D - F#

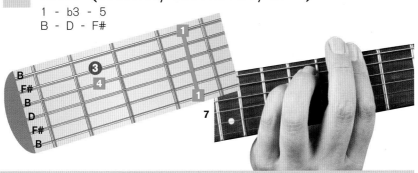

4 Bm (Bmin, Bminor, B–)

1 - b3 - 5
B - D - F#

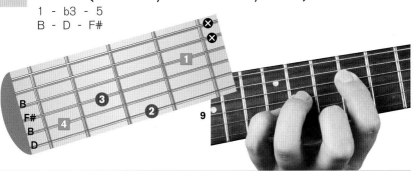

5 Bm (Bmin, Bminor, B–)

1 - b3 - 5
B - D - F#

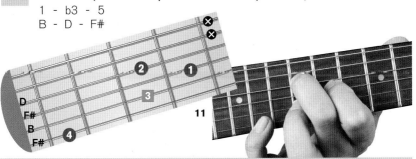

B

SI MENOR (Bm)

Los acordes menor seis pueden ser usados como sustitutos de un acorde menor básico cuando se requiere un "color" armónico extra (especialmente en acordes estáticos). Los acordes menor siete también se pueden usar como sustitutos de un acorde menor básico, pero se usan con mayor frecuencia como primer grado en una progresión II-V-I .

1 Bmin6 (Bminor6, Bm6, B–6)

1 - b3 - 5 - 6
B - D - F# - G#

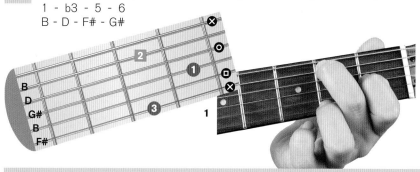

2 Bmin6 (Bminor6, Bm6, B–6)

1 - b3 - 5 - 6
B - D - F# - G#

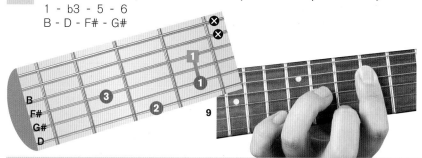

B

1 Bmin7 (Bminor7, Bm7, B–7)

1 - b3 - 5 - b7
B - D - F# - A

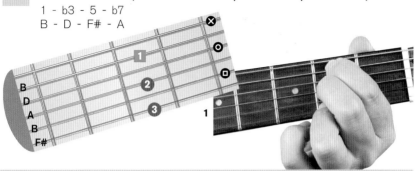

2 Bmin7 (Bminor7, Bm7, B–7)

1 - b3 - 5 - b7
B - D - F# - A

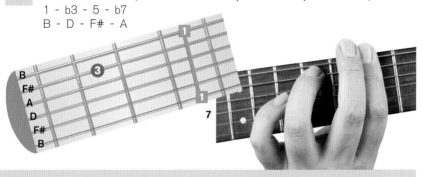

3 Bmin7 (Bminor7, Bm7, B–7)

1 - b3 - 5 - b7
B - D - F# - A

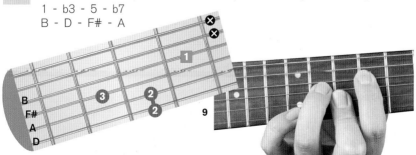

B

SI SIETE (B7)

Debido a que B mayor posee un sonido resonante no es difícil ver porqué muchos grandes temas de blues han sido escritos y tocados en esta tonalidad. Para un ejemplo perfecto de qué tan bueno puede sonar un blues en B mayor, escucha la virtuosa ejecución de Jimi Hendrix en el tema *Red House* (de su original álbum de 1967 *Are You Experienced*).

1 ## B7 (Bdom7)
1 - 3 - 5 - b7
B - D# - F# - A

2 ## B7 (Bdom7)
1 - 3 - 5 - b7
B - D# - F# - A

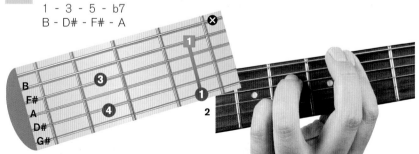

B

3 B7 (Bdom7)
1 - 3 - 5 - b7
B - D# - F# - A

4 B7 (Bdom7)
1 - 3 - 5 - b7
B - D# - F# - A

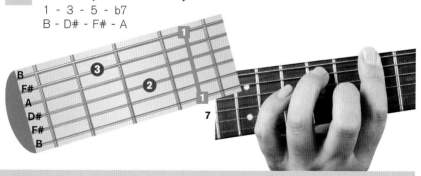

5 B7 (Bdom7)
1 - 3 - 5 - b7
B - D# - F# - A

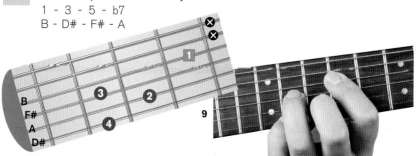

B

SI SIETE (B7)

Para crear una tensión extra dentro de una cadencia perfecta (V-I), a menudo se añade una quinta aumentada al acorde dominante siete. El acorde dominante siete suspendido sugiere un movimiento armónico menor, y por lo tanto, puede usarse para darle un interés extra a acordes estáticos o vamps. **B7#5: 1** Una posición abierta básica del acorde B7 (posición 1 página 224) con su voz (nota) más alta medio tono arriba (quinta aumentada F##) que le da la cualidad de acorde dominante con quinta aumentada. **B7sus: 2** Una variación de la posición con cejilla sobre las seis cuerdas, para cuando se requiera un sonido completo y grande.

1 B7#5 (B7aug, B7+)

1 - 3 - #5 - b7
B - D# - F## - A

2 B7#5 (B7aug, B7+)

1 - 3 - #5 - b7
B - D# - F## - A

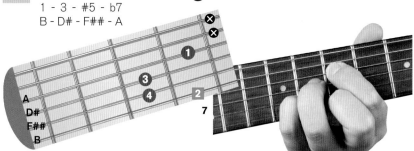

B

1 # B7sus (B7sus4)

1 - 4 - 5 - b7
B - E - F# - A

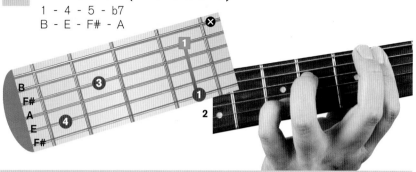

2 # B7sus (B7sus4)

1 - 4 - 5 - b7
B - E - F# - A

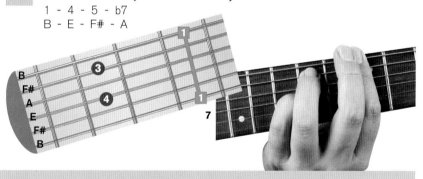

3 # B7sus (B7sus4)

1 - 4 - 5 - b7
B - E - F# - A

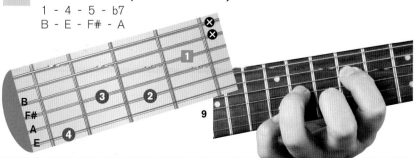

B

SI SIETE (B7)

Estas cinco posiciones son variaciones del acorde dominante siete con novenas y trecenas, y tienen un sonido más sofisticado que el acorde básico de cuatro notas. **B7#9** Situado en la parte baja del diapasón, este acorde que usa las cuatro cuerdas centrales (con la quinta omitida) tiene un gran sonido y color de blues. **B13: 1** Otra posición sin quinta, en esta ocasión usando las cinco primeras cuerdas, un acorde dominante trece resonante.

B9 (Bdom9)
1 - 3 - 5 - b7 - 9
B - D# - F# - A - C#

B7#9
1 - 3 - 5 - b7 - #9
B - D# - F# - A - C##

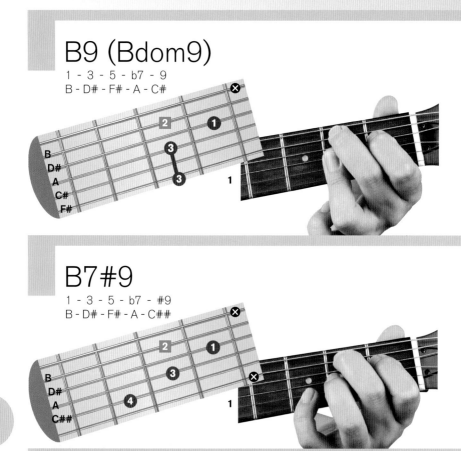

B

B7b9

1 - 3 - 5 - b7 - b9
B - D# - F# - A - C

1 B13

1 - 3 - 5 - b7 - 9 - 13
B - D# - F# - A - C# - G#

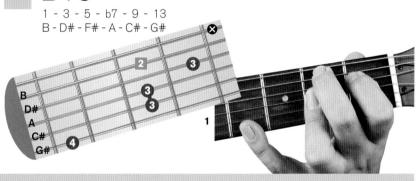

2 B13

1 - 3 - 5 - b7 - 9 - 13
B - D# - F# - A - C# - G#

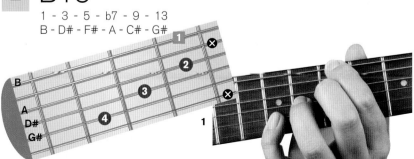

B

SUPLEMENTOS PARA ACORDES

sección 2

Rock

"Power chords" abiertos

Los "power chords" son básicamente acordes que suenan bien cuando se tocan con fuerza a través de un amplificador saturado. Ningún otro instrumento puede replicar ese sonido; son dominio exclusivo de la guitarra eléctrica. Estos acorde son llamados "acordes con quinta" por el hecho de que no contienen tercera, sólo la tónica y la quinta. Las notas (números) entre paréntesis en los siguientes ejemplos, son notas tónicas duplicadas una octava más alta que pueden incluirse para darle un sonido más grande si se es deseado.

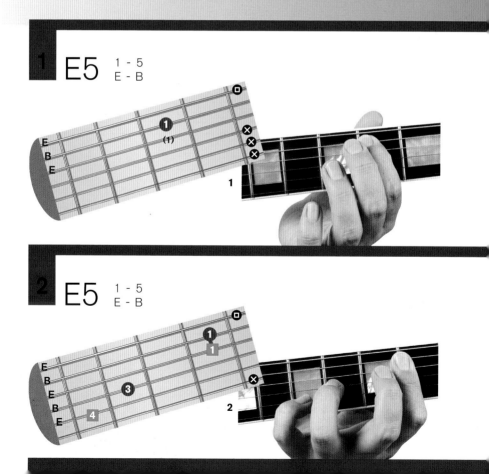

1 E5 1 - 5
        E - B

2 E5 1 - 5
        E - B

A5 $\frac{1-5}{A-E}$

D5 $\frac{1-5}{D-A}$

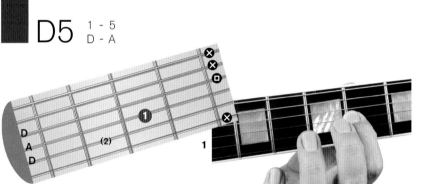

G5 $\frac{1-5}{G-D}$

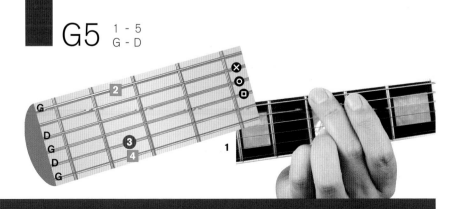

Rock

"Power chords" transportables

Estas posiciones de "power chords" pueden ser tocados en cualquier parte del diapasón; las posiciones con registro alto (posiciones 1 y 2) son menos resonantes y a menudo se usan para segundas guitarras. Nota que la posición 1 tiene la tónica "arriba" (1ª cuerda); ésta es la nota que va a determinar el nombre al acorde (por ejemplo, para un acorde B5, simplemente "transporta" esta posición medio tono abajo, es decir, un traste).

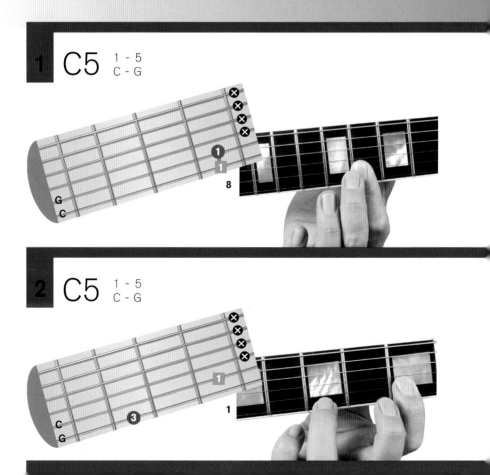

1 C5 1 - 5
          C - G

2 C5 1 - 5
          C - G

3 C5 ^{1 - 5}

C5 1 - 5 / C - G

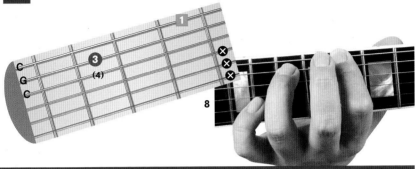

4 C5 1 - 5 / C - G

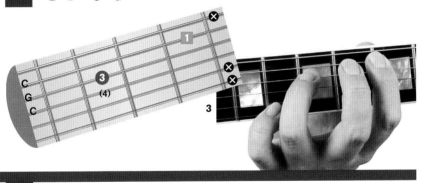

5 C5 1 - 5 / C - G

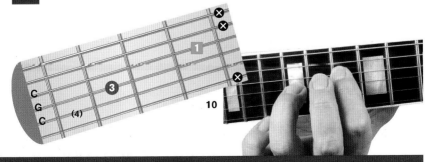

Del Blues al Jazz

Acordes de tres notas

La siguiente selección de acordes está compuesta por sólo tres notas, esto las hace fáciles de tocar, por lo tanto, son muy útiles cuando se requieren cambios de acordes rápidos. También puedes usar estas posiciones cuando se necesite un sonido menos denso (por ejemplo, cuando toques acompañado de un tecladista). Algunas de las posiciones no contienen tónica; ésta habitualmente se omite cuando se toca en una sección rítmica. Es trabajo del bajista tocar la tónica.

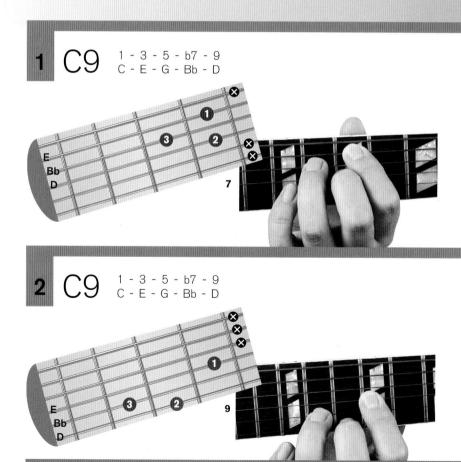

1 C9 1 - 3 - 5 - b7 - 9
C - E - G - Bb - D

2 C9 1 - 3 - 5 - b7 - 9
C - E - G - Bb - D

1 C7
1 - 3 - 5 - b7
C - E - G - Bb

2 C7
1 - 3 - 5 - b7
C - E - G - Bb

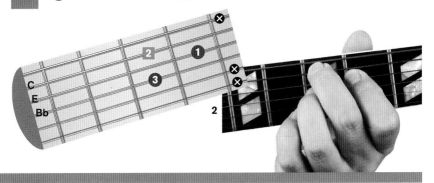

3 C7
1 - 3 - 5 - b7
C - E - G - Bb

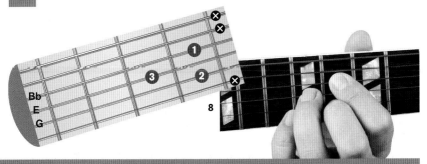

1 **Cmaj7** 1 - 3 - 5 - 7
C - E - G - B

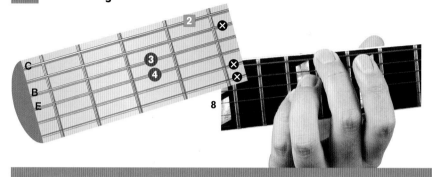

2 **Cmaj7** 1 - 3 - 5 - 7
C - E - G - B

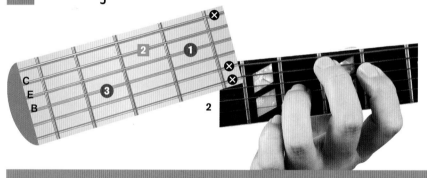

3 **Cmaj7** 1 - 3 - 5 - 7
C - E - G - B

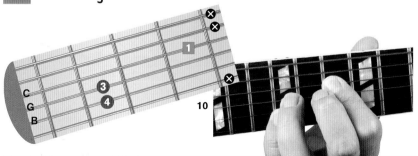

1 Cmin7   1 - b3 - 5 - b7
C - Eb - G - Bb

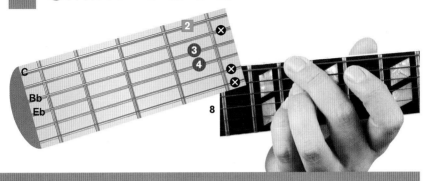

2 Cmin7   1 - b3 - 5 - b7
C - Eb - G - Bb

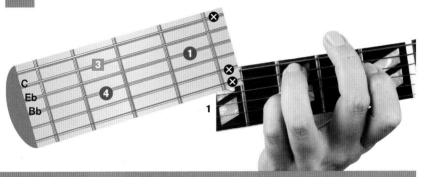

3 Cmin7   1 - b3 - 5 - b7
C - Eb - G - Bb

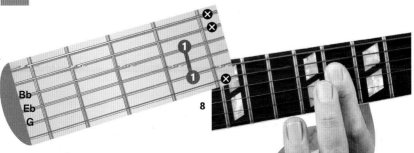

Del Blues al Jazz

Acordes multifuncionales

Estos acordes "multifuncionales" ilustran cómo una posición puede ser usada por más de un tipo de acorde. Esto funciona mejor con acordes a tres o cuatro partes; considera que la tónica en algunos casos se omite; por lo tanto, estos acordes son para tocarse sólo en una sección rítmica, en donde te puedes apoyar con un bajista que proporcione la tónica para completar el acorde.

1 Cm9   1 - b3 - 5 - b7 - 9
C - Eb - G - Bb - D

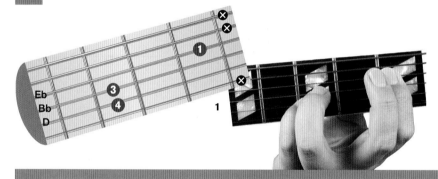

2 F13sus   1 - 4 - 5 - b7 - 9 - 13
F - Bb - C - Eb - G - D

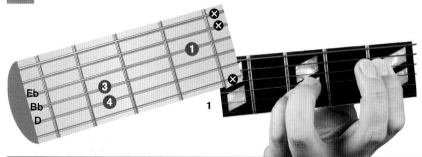

1 Cm6/9   1 - b3 - 5 - 6 - 9
C - Eb - G - A - D

2 F13   1 - 3 - 5 - b7 - 9 - 13
F - A - C - Eb - G - D

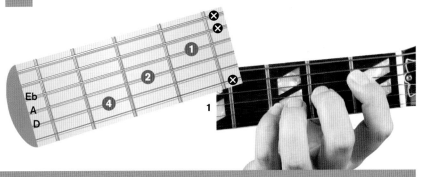

3 B7#9   1 - 3 - 5 - b7 - #9
B - D# - F# - A - C##

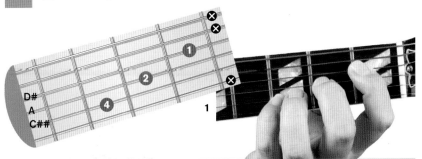

1 # Cm7b5 (C∅)

1 - b3 - b5 - b7
C - Eb - Gb - Bb

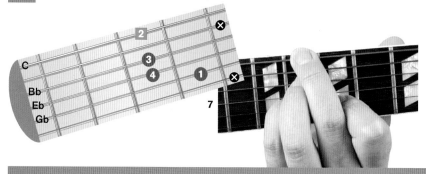

2 # Ab9

1 - 3 - 5 - b7 - 9
Ab - C - Eb - Gb - Bb

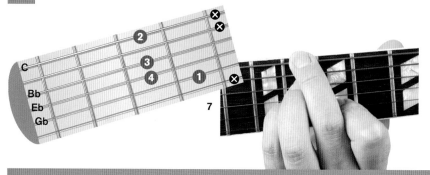

3 # D7#5b9

1 - 3 - #5 - b7 - b9
D - F# - A# - C - Eb

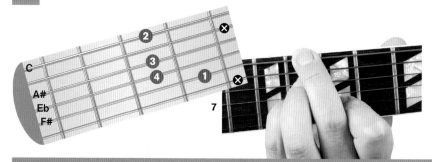

1 Cm7b5 (CØ)
1 - b3 - b5 - b7
C - Eb - Gb - Bb

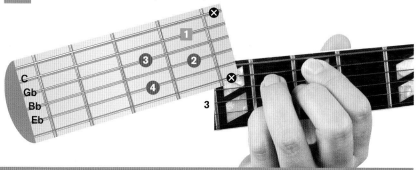

2 Ab9
1 - 3 - 5 - b7 - 9
Ab - C - Eb - Gb - Bb

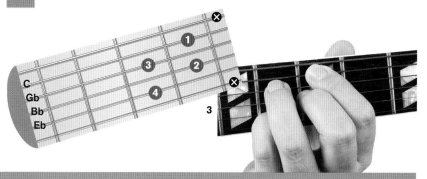

3 D7#5b9
1 - 3 - #5 - b7 - b9
D - F# - A# - C - Eb

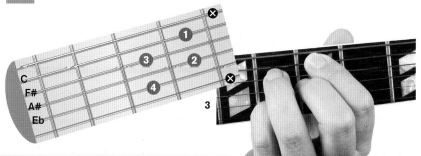

1 # Cm7b5 (CØ)
1 - b3 - b5 - b7
C - Eb - Gb - Bb

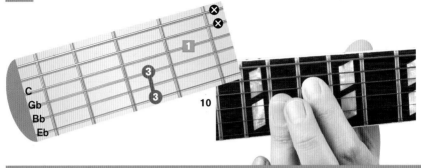

2 # Ab9
1 - 3 - 5 - b7 - 9
Ab - C - Eb - Gb - Bb

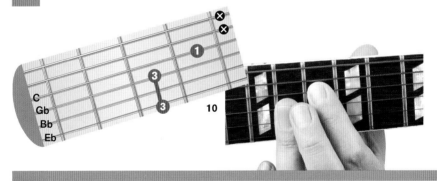

3 # D7#5b9
1 - 3 - #5 - b7 - b9
D - F# - A# - C - Eb

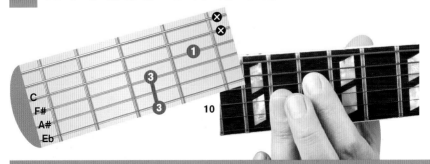

1 Cm11b5 (C∅) 1 - b3 - b5 - b7 - 9 - 11
C - Eb - Gb - Bb - D - F

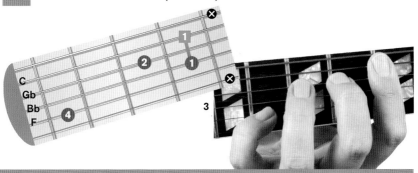

2 Ab13 1 - 3 - 5 - b7 - 9 - 13
Ab - C - Eb - Gb - Bb - F

3 D7#5#9 1 - 3 - #5 - b7 - #9
D - F# - A# - C - E#

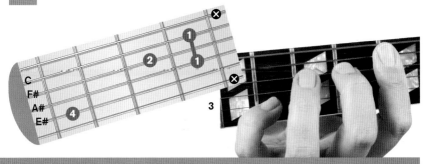

Del Blues al Jazz

Acordes disminuidos

Los acordes disminuidos a menudo se presentan como acordes cromáticos de paso, principalmente en el blues y en el jazz. Sin embargo, también pueden ser usados como sustitutos para un acorde dominante siete con su novena bemol (en especial las posiciones de cuatro cuerdas de la página opuesta); sólo toca la nota más grave medio tono arriba de la tónica del acorde dominante siete (por ejemplo; posición 2 de la página 247 pudiera ser usado como un acorde B7b9).

1 C° (C°7, Cdim, C diminished)

1 - b3 - b5
C - Eb - Gb

2 C° (C°7, Cdim, C diminished)

1 - b3 - b5
C - Eb - Gb

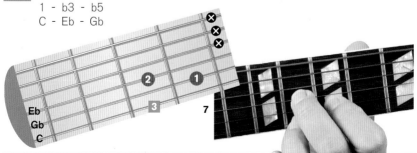

1 C° (C°7, Cdim, C diminished)

1 - b3 - b5 - b7
C - Eb - Gb - Bbb

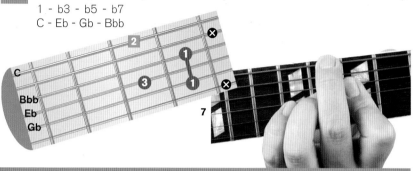

2 C° (C°7, Cdim, C diminished)

1 - b3 - b5 - b7
C - Eb - Gb - Bbb

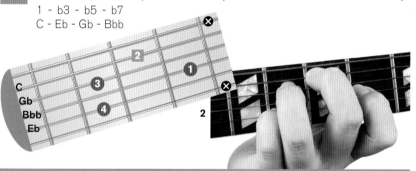

3 C° (C°7, Cdim, C diminished)

1 - b3 - b5 - b7
C - Eb - Gb - Bbb

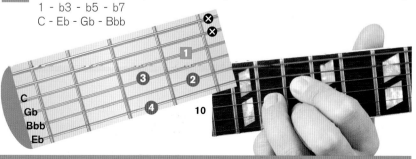

Soul, Funk y Reggae

Todos los acordes de esta sección son acordes a tres voces, y todos se tocan sobre las tres primeras cuerdas de la guitarra. Esto los hace ideales para tocar ritmos picados con golpes cortos estilo "chips" (en staccato) hechos famosos por el formidable compositor y guitarrista Stax: Steve Cropper. Muchos de estos acordes no contienen nota tónica; por lo tanto no describirán correctamente al acorde sin la ayuda de un bajista el cual toque la nota tónica en registro grave.

1 C7 (Cdom7)   1 - 3 - 5 - b7
C - E - G - Bb

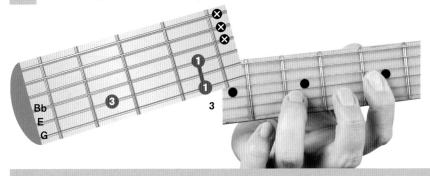

2 C7 (Cdom7)   1 - 3 - 5 - b7
C - E - G - Bb

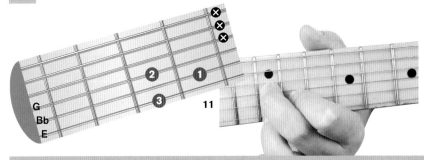

C9

1 - 3 - 5 - b7 - 9
C - E - G - Bb - D

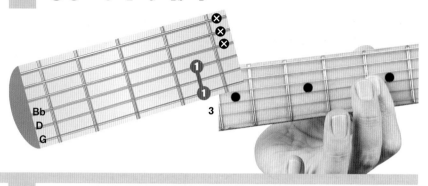

C13

1 - 3 - 5 - b7 - 9 - 13
C - E - G - Bb - D - A

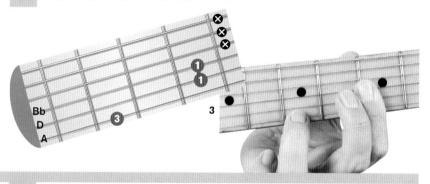

C7#9

1 - 3 - 5 - b7 - #9
C - E - G - Bb - D#

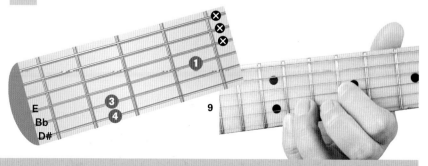

1 C (Cmaj, C major, CM)

1 - 3 - 5
C - E - G

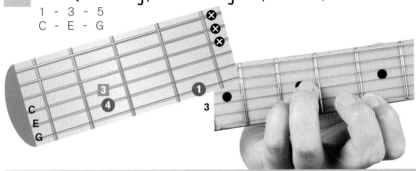

2 C (Cmaj, C major, CM)

1 - 3 - 5
C - E - G

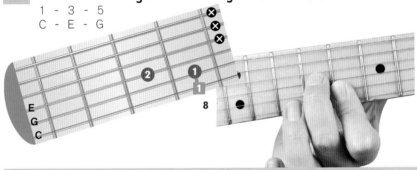

3 C (Cmaj, C major, CM)

1 - 3 - 5
C - E - G

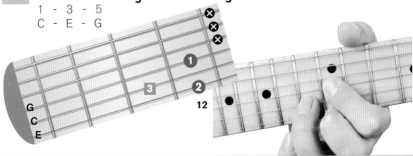

1 Cm (Cmin, C minor, C−)

1 - b3 - 5
C - Eb - G

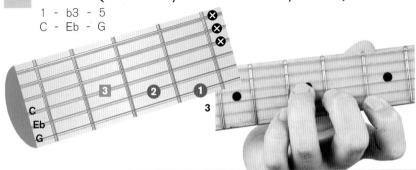

2 Cm (Cmin, C minor, C−)

1 - b3 - 5
C - Eb - G

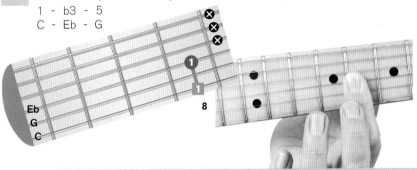

3 Cm (Cmin, C minor, C−)

1 - b3 - 5
C - Eb - G

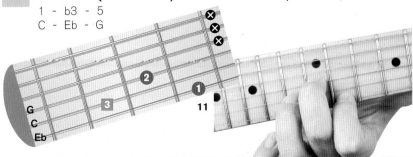

1 Cmaj7 (C△, C major7, CM7)

1 - 3 - 5 - 7
C - E - G - B

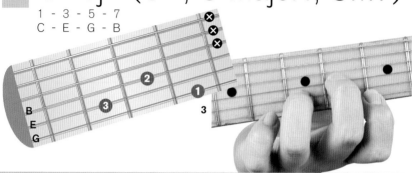

2 Cmaj7 (C△, C major7, CM7)

1 - 3 - 5 - 7
C - E - G - B

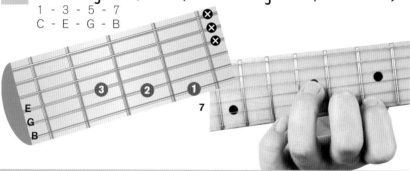

3 Cmaj7 (C△, C major7, CM7)

1 - 3 - 5 - 7
C - E - G - B

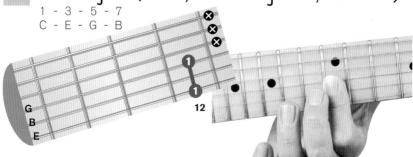

Guía

Usa esta guía que se puede desprender para
una rápida referencia de los términos y
símbolos usados en este libro.

Símbolos de los acordes

❌ Cuerda al aire que no debe de sonar.

◉ Cuerda al aire que sí debe de sonar.

▣ Cuerda al aire, tónica del acorde (ej. Una nota E en un acorde de E mayor).

1 Indica la localización del dedo dentro del brazo (el número indica cuál dedo debe usarse) y también que esa nota es la tónica del acorde.

❶ Indica la localización del dedo dentro del brazo. Nota que es parte del acorde y no la tónica del acorde.

❶❶❶ Una línea que abarca dos o más cuerdas señala una cejilla, en donde dos o más cuerdas son presionadas simultáneamente con un solo dedo.

(2) Digitaciones alternas se muestran ocasionalmente junto a los símbolos azules y rojos. Éstos son algunas veces preferibles para algún cambio más rápido de una forma de acorde en particular.

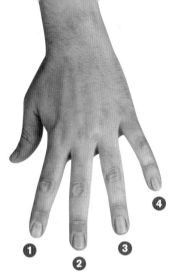

Numeración de los dedos

Esta digitación estándar ha sido usada en todas partes.

El diapasón (brazo)

Si aprendiste a tocar guitarra de "oído", tal vez no te resulte sencillo ubicar las notas en el diapasón. Toma en cuenta que a partir del traste doce se repiten las notas una octava alta (comenzando con el nombre de la nota de la cuerda al aire). Para más detalles consulta el diagrama en las páginas 10–11.

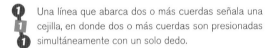

1 Cm7 (Cmin7, C minor7, C–7)

1 - b3 - 5 - b7
C - Eb - G - Bb

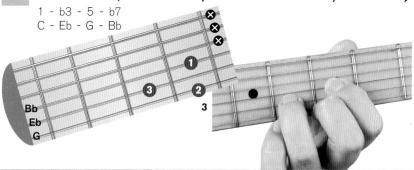

2 Cm7 (Cmin7, C minor7, C–7)

1 - b3 - 5 - b7
C - Eb - G - Bb

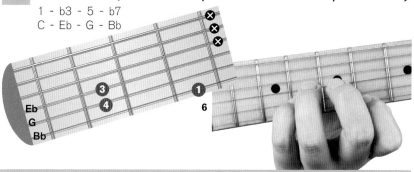

3 Cm7 (Cmin7, C minor7, C–7)

1 - b3 - 5 - b7
C - Eb - G - Bb

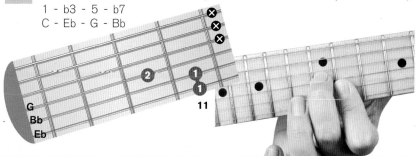

Index

Créditos

La editorial quisiera agradecer y reconocer por proporcionar las ilustraciones y fotografías que se reproducen en este libro a:

página 9 Gibson Guitar Corp www.gibson.com

Todas las demás ilustraciones y fotografías son propiedad de Quarto Publishing plc. A pesar del enorme esfuerzo por dar crédito a los colaboradores, Quarto ofrece una disculpa por cualquier omisión o error —y está dispuesta a realizar las correcciones correspondientes en futuras ediciones del libro.